U0143003

邁向批判性典範

教育、知識與行動研究

Wilfred Carr、Stephen Kemmis　著

劉唯玉　王采薇　主編

劉唯玉　白亦方　張德勝　胡永寶　王采薇
高建民　李眞文　吳新傑　蓋允萍　羅寶鳳　譯

五南圖書出版公司 印行

Becoming Critical
Education, Knowledge and Action Research

Wilfred Carr
Stephen Kemmis

推薦序

　　我樂意推介此書，是因為我在閱讀後「感到受用」而親嚐了喜樂感。

　　喜樂之一是它幫助我解開了對「教育理論與教育實際關係」的疑惑：到花師任教六、七年後，一個現象引起我的關注，也常困擾我，那就是畢業同學的抱怨聲：「學那麼多的教育理論與觀念，但對實際的教學似乎沒有多少幫助？」於是教育理論與教育實際落差的問題，從此進入我的意識。有關這個問題造成的原因、運作的機制及其解決之道，就一直糾纏我。在經過二十餘年的探索後，直到將孕育所得，寫成《新教育學的建構——教育知識創新的經驗》（台北學富）一書出版，才讓我心稍微安歇。而在這漫長尋覓的過程中，我從Carr與Kemmis所著*Becoming critical*這本書得到很大的亮光，因書中對三大教育典範（或取向）之教育理論與實際關係所主張的內涵及其推行過程與其適用範圍和侷限性，皆作了系統性的解析，讓我對科學典範為何是主張理論優位，詮釋典範為何是主張實際優位，及批判典範為何是主張理性優位，產生了「不僅知其然，更知其所以然」之悟，於是我揭示了教育實踐者能正視自己身為自由人之身分，是解決教育理論與實際落差這個課題的關鍵，因為「自覺為自由人的教育者」能讓自己更靈活地善用三大典範之思考資源進行創造，而使自己所面對獨特的教育處境問題得到更有效妥適地因應。

　　喜樂之二是它幫助我平靜了對「怎樣系統論述新主張」門徑的猶疑：雖然自1978年剛成為教育研究社群之一員時，我就有點心志要為教育

學加入一絲絲新成分。不過有心不一定就會立即如願，是直到完成博士學位之前兩年即1987年，因著《現代教育》雜誌「教育學發展趨勢」專題徵稿之需要，發表了〈移植式教育學的超越〉一文，提出「教育學一個新研究領域的初步構想」，這才流露出我對教育研究創新之一點點具體跡象。但認眞地去釐清我眞正關心的教育研究課題到底爲何，則又隔了十餘年，即在1999年因著參加師大教育系所合辦的「教育科學：本土化與國際化」研討會，我寫了一篇〈一個夢之追尋：建構植基於教育實踐者經驗之教育學體系〉的論文，嘗試提出建構「教育學新形貌」的夢想及初探心得，這才算有了較明確努力的焦點。不過對這個新取向教育學更深刻的實質內涵，則尚未作更專精的與更系統的解析，於是難免給人「我僅提出體系架構」之印象。這確實是個缺憾，當然非我所樂見，也希望有所補足。於是怎樣將此體系架構寫成一本書，以更完整的論證鋪陳之，而讓教育研究社群更能認可，就成了我的挑戰。那麼其門徑在哪裡呢？我當時想到的門徑是：可從設想新教育學果眞是值得提倡及可能證立，那麼有哪幾個核心問題是必須回應與解決的？而整本書之鋪陳就可扣緊這些問題而展開。儘管已打算如此行，但心總是還存有猶疑，會偶發性地浮現類似「這樣行眞的是妥當嗎？」的自疑。後來讀到Carr與Kemmis合著的這本書，知道他們也是意圖論證所提出的教育研究新取向——批判典範，是值得倡導與可成立而寫。於是我再更深入地閱讀，發現他們採取的門徑與我所思考方向有異曲同工之妙，這才讓我更能篤定地依所認知的門徑前行。如兩書皆有章節書寫了如下系列問題：一是怎樣的形勢激發了他們的創新意圖？二是他們如何透過與既有研究傳統對話，以爲自己倡導的新主張找到更穩固之立足點？三是新主張所包括的探究問題及核心概念之內涵爲何？四是新主張落實在具體研究上，其彰顯的研究方法與實例樣貌爲何？五是新主張未來在研究上與實用上尚有哪些可能課題待拓展？

　　綜合上述說明，可知：我是在使用此書中品味出它的價值與功用，盼你也能如我一樣，在閱讀後也同嘗受用帶給你的喜樂。

　　最後還想對此書與東華大學花師教育學院老師結緣的經過稍作補述，也許可加增你的閱讀興趣。會注意到這本書的存在，主要是因著教育博士班教育學方法論授課之需，起初這門課是由劉錫麒教授和我合開，我們基於教育研究主體和客體的關係及教育理論和實際的關係是教育學方法論的兩大中心課題，於是他選了較系統論述主客體關係的*The nature of social and educational inquiry: Empiricism versus interpretation*這書（John K. Smith著），我則選了較系統論述理論與實際關係的*Becoming critical: Education, knowledge and action research*這書（Wilfred Carr & Stephen Kemmis合著），這是我與此書英文版產生連結的開始，經過了這麼多年，直到去年才因著有王采薇與劉唯玉兩位教授所帶領的翻譯團隊熱情投入，使此書之中文版終能問世，真的很感謝他／她們的用心，受惠的對象除了博士班的學生外，也將廣及教育社群有志探索教育新知的朋友。

東華大學教育行政與管理學系榮譽教授

吳家瑩

本書介紹

　　藉由提供教師更多機會，從事課程理論化和教育研究，以擴展教師專業發展的運動正在興起：學校本位課程發展、以研究為本的在職教育和教師專業自我評鑑計畫，是「教師即研究者」運動正在形成中的幾個徵兆。

　　教師為何已經成為研究者，有幾個不同的理由。有些教師成為研究者，因為他們是強烈智識和社會變動時期的產物：他們自覺有義務反思自己的教育實踐，去辯護和超越這些教育實踐的限制。另一個原因是教師被說服肩負研究與評鑑角色，他們被要求為自己的創新實踐作辯論和證明。也有一些原因是自然形成的，認為教師專業的合理期待就是教師即研究者。還有一些教師對研究產生熱情，是因為他們活在一個教育發生重大變化，使得教師和學校在課程方面獲得了更大的自主性和責任感的時期。

　　所以「教師即研究者」運動是對多元的社會條件、政治壓力和職業期待所做的回應。也因為如此，所以它的發展是實用的、不協調的，也是機會主義的。甚至，因為這些改變的步調幾乎不允許有機會對教師即研究者運動發展之意義進行慎重的深思，導致這個運動缺乏一種可以澄清其意義的理論論述，護衛它免於受批判並促進其未來的發展。

　　本書的目的在藉由概述一個哲學論證，提供一個基礎理論，支持教師擁有研究者之特殊角色，而教師即研究者的角色是最能將教育研究視為批判的社會科學的一種形式。藉由揭露和批判地評論一些在教育研究領域重要的哲學立論，本書旨在提供教師、教師研究者和教育研究者一種語言和

論述，使他們得以抵制教育研究應該完全交由學術專家來研究的宣稱，並捍衛教師專業發展需要教師對教育實務採取研究立場的宣告。

當然，在許多方面而言，今日教師比以往的教師在這個專業有更好的準備。他們有更好的資格，更多的機會繼續接受專業教育，更多溝通的機會，更好的發展，更多不同的專業機構和公會，更多免受中央政府教育系統與教育法規轄制的教師專業責任與自由（雖然這個專業責任與自由有受到威脅的跡象）。他們對於自己成為一個專業者是更謹慎小心的，不僅因為他們是學與教的學科專家，更因為他們是專業的**教育者**。

然而，教師專業在許多方面仍停留在因循守舊中。早期因循守舊是透過強加課程或調查、控制的僵硬系統，現在則是以一種更隱藏更細膩的方式，藉由提供事前設計的教材套件，塑造教師專業的限制觀點，並藉由一些學校社群消費者至上的活動，要求學校和教師照著文化和社會偏好的價值標準而行。本書目的之一就是藉由質問教育因循守舊之觀點，質疑其隱藏的信念。

其中最有力和最持久的信念，就是那些環繞「理論」和「實踐」的信念。對大多數的研究者和教師而言，這些概念多少有些既定意義。「實踐」是特殊和緊急的，它是教師面臨每日工作所需，滿足工作和要求的事情。「理論」恰恰相反，它是永恆和普遍的，由研究者透過周詳的調查過程而產生。當然，將教育理論與教育實踐視為完全不同的趨勢，只是一種將有關本案例的理論事宜和該被完成的實踐事宜作截然不同區別之特別徵兆。更甚的是，這種截然二分思想和行動，並非在歷史的真空中發展。相反地，它是在特殊的知識傳統脈絡下發展，形塑有關理論和實踐的「問題」和回答這些問題的「標準」。因此，若以為藉著了解理論和實踐的歷史發展能闡明其意，那就錯了。了解理論和實踐基於知識傳統之古今概念還在其次，但要打破現今理論和實踐的偏見，首要了解它們獲得現今意義的歷史源由。

　　為了證實作者對理論與實踐的中心主張，本書旨在完成四個任務。一、概述幾個主流教育理論與研究觀點，以及它們與教育實踐的關係。二、對這些觀點進行批判性檢驗。三、概述不同理論與實踐觀點所暗示（啟發）之教學專業形象。四、試著發展一個哲學立場，使更適當的理論、研究和實踐論述得以浮現，並辯證教學專業是一個批判社群的觀點。

　　第一個任務：概述一些教育理論、研究和實踐的不同觀點，第一章將藉由揭露各式各樣的課程領域研究。主要目的在展現對於什麼「是」課程研究，什麼是「為」課程研究，以及「誰」最適合進行課程研究的許多不同的圖像。特別值得注意的是，課程研究的這些不同圖像傳達了它們對於教師專業角色和教師知識本質之不同觀點。

　　當然，課程研究的方式與教師專業角色的連結，是教育理論應當如何與教育實踐連結的一個特殊例子。因此，第一章呈現的各種可能範圍，有助於連結課程研究與教師專業特定問題於教育理論與實踐之更大脈絡中。第二章與第三章聚焦在更廣大的脈絡，概述二個主要的智力傳統——實證觀點和詮釋觀點，並且檢視它們如何影響教育調查和研究的進行。第二章藉著回到建立教育研究為一種本質是科學事業的信條論述，追溯實證觀點的源頭，焦點放在實證主義對理論如何與實踐連結的明確概念。

　　第二章也使用科學史和哲學的發展，引用教育哲學一些熟悉的主題，提出對教育研究實證觀點的批判性論述。這些論述提供了一個離開實證觀點的決定性考慮，而進入第三章教育研究的詮釋觀點。第三個任務有關教師專業與研究，探討教師的專業知識與實證主義和詮釋的教育研究所產生之理論知識之間的關係。

　　批判地檢驗實證論與詮釋觀點所達到之稍微負面的結論，提供了在第四章處理第四個任務的立足點，作者藉由說明任何**教育科學**需要包括的正式標準，試圖發展一個教育理論與實踐本質更緊密結合的論述。第五章的目的是將批判理論確定為包括第四章所定義教育科學標準的調查形式，

並描述這種理論觀點所要求的教育研究方法。

第六章接受第五章之挑戰，概述了與批判的社會科學抱負一致的教育研究形式。首先，論述基於實踐者之關懷和使命感，以及在教育的關鍵發展中教師成爲研究實踐者之教育研究形式。這種教育研究觀點滿足了批判教育科學的一般抱負，「爲實踐者命名」，以及「幫助他們就他們所經歷的進行批判分析和教育發展」。因此，教育研究不僅被視爲「有關」教育的研究，也被視爲「爲」教育的研究。其次，第六章描述了一個能實踐這個抱負之具體和實際的過程，即是協同行動研究。第七章周詳地考察協同行動研究作爲實踐批判教育科學的宣稱，本章解說協同行動研究如何符合第四章所描述之一個適當且一致的教育科學正式標準。

第七章論述本書總結，它檢視了教育研究不同觀點所隱含之不同教育改革觀點，並且倡議教師是由教師、學生、家長和其他關心教育改革和發展者所組成的批判社群成員。教師的專業責任爲這項任務提供一種途徑：創造一個能支持教育價值的批判社群，成爲回顧和改進教育實踐過程的榜樣，並組織同事、學生、家長和其他關心教育者參與社群，使他們能主動參與教育的發展。協同行動研究的參與式民主取向給予自我反思批判社群的形式和本質，使他們能致力於教育的發展。

目　錄

第一章

教師、研究者與課程

一、課程研究與教師專業主義

　　本章目的在於介紹最近的教育研究歷史，所觸及的許多主題與論述細節，將不斷出現在後續章節中，但是一段概述應該可以為後續的探討議題提供有用的觀點。這裡所採用的教育研究歷史、脈絡理解方法，聚焦在近年來「課程」成為一種探討、研究領域的種種發展。

　　關注課程研究領域的一個理由是，它比其他既有的教育探究形式更不確定、問題更多。這些不確定與問題出現在許多方面。有時候學術界爭論課程研究的本質；有時候質疑教師在課程發展與改革中的角色。儘管目前這二種關注範圍通常會個別處理，但是也有人嘗試證明課程研究頗為複雜，這二者密切相關，這樣的看法具有某些重要優點。尤其，它可以檢視不同的課程研究概念如何傳遞不同的教學圖像——教學就是一種特殊的專業活動。這麼一來，大家就可以討論課程研究的方法論考量與問題，的確跟教師專業主義有關。

　　有關教學即專業的討論，多半集中在教學符合一般專業、非專業職業標準的程度。簡單來說，第一，這些標準是某一職業成員根據大量理論、研究知識而採用的方法與程序。醫學、法律與工程之所以被認定為專門職

業，部分理由在於這些職業所涉及的方法和技巧，受到大量系統化生產知識的支持。這些行業的第二個特色在於成員對服務對象的福祉做出優先承諾。醫學和法律行業都必須遵守倫理規範，以確保服務對象利益為首要考量。第三，為了確保這些行業依服務對象利益行事，成員有權進行自主判斷，不受外界非專業的控制與限制。這種專業自主向來會在個人、集體層次中運作。以個人來說，專業人員會在任何特殊情境下進行獨立判斷，採取某種行動做法。以集體來說，專業人員有權決定所有符合整體行業的做法、組織與程序類型。例如：醫學與法律行業會選擇自己的成員，決定自己的懲戒與問責程序。

即使是如此簡要的行業特質描述，也足以透露我們今日所知的教學，不容易被合理認定為一種專業活動。[1]舉例來說，相較於其他行業，理論與研究在教學中不太重要。的確，很少有證據會暗示，大部分教師認為研究是一種深奧的活動，跟教師的日常實務關注沒什麼關係。[2]同樣地，教師與服務對象之間的關係不像其他行業那麼直接。對醫生和律師來說，服務對象如果不是「一個病人」，就是「一個案件」，而且專業考量只限於治癒或勝訴。但是，教師對學生的專業考量，無法比照限制。以醫生或律師的情況來說，某種特殊狀況（例如某個疾病或者某種真實或宣稱的不公平）在專業人員介入前就已經存在；教師則不然。缺乏教育屬於一種擴散、開放情況，它過於籠統，無法被認定為特殊的「無知」——除非是非常基本類型的某些特殊例子（例如：完全文盲）。教育事務具有擴散、延伸的性質，教學所需的技能範圍，比醫生或律師更為多樣。更麻煩的是，學生是教師唯一服務對象的說法，完全無法不證自明。家長、地方社區、政府及雇主都宣稱自己是合法的服務對象，他們的利益也許跟教師心目中的學生教育利益不一致。

然而，自主範圍中的教師專業主義會受到最嚴格的限制。因為教師儘管（的確）可以針對日常教室實務進行自主判斷，但是這些實務發生在廣

泛的組織脈絡中，他們很難置喙。教師在官僚體制安排的機構中工作，他們在整體教育政策、新手教師的選擇與培訓、問責程序，以及一般組織結構的決定過程中，顯得微不足道。總之，教師跟其他專業人員不一樣，他們在集體層次上的專業自主性很低。

　　以上這些情況顯示，如果教學要成為一種更真實的專業活動，必須要有三類發展。第一，教師的態度與實務必須更堅實地奠基在教育理論與研究上。第二，教師專業自主必須加以擴大，讓教師可以參與有關本身共同運作之廣泛教育脈絡的許多決定；換句話說，專業自主必須同時被視為一種集體與個體事務。第三，必須擴充教師的專業責任，包括對一般社區中的利害關係團體負起某種專業義務。

　　如此一來，這三項要求密不可分。例如：擴大所有的教師專業自主，對於所需的研究知識及研究者與教師關係類型，都有重大啟示。因此，經由研究所得到的知識，不會受限於那些影響教室實務與教學技能的知識類型。它會涵蓋整體教育專業團體在廣泛社會、政治與文化脈絡中運作，有助於合作討論的知識。而且，如果專業自主依照這種方式擴大，研究結果就不會被認為是教師接納研究者，然後像僕役般地予以執行。相反地，必須要求研究者設法協助教學專業團體去組織信念與想法（兼顧個體與集體），以便促進專業活動的明智判斷，並履行向其他利益團體辯護這些判斷的責任。

　　如此一來，顯然教師專業發展不僅延伸了自主判斷的範疇，也擴大了對服務對象應負的責任與義務。它也包括研究應該提供更豐富知識類型的觀點。同樣明顯的是，課程研究目標、方法與產物的多樣觀點，也反映出這種理想專業發展的多元態度。下一段將透過許多教育研究傳統、不同課程研究面向的描述，說明寬廣的課程研究領域範圍。透過這樣的回顧，我們才能確認不同課程研究取向的可能性，對於教學專業自主與責任來說，它們究竟是阻力還是助力。

二、教育研究中的八種一般傳統

(一) 教育哲學研究

以目前我們的西方學術傳統來說，最早的教育「研究者」是哲學家。教育研究屬於一種哲學研究，它跟知識、倫理學及政治生活有關。例如：柏拉圖對教育提出許多看法；一般希臘哲學家對知識的許多觀點，即使到了今天還是會跟教育直接相關。他們的探究目標大都在於挖掘知識本質，以及知識在政治生活中的角色，以便理解教育。

(二) 鉅型理論化

在更近的年代中，教育的鉅型理論化更為普遍。舉例來說，1762年法國哲學家盧梭（Jean Jacques Rousseau）出版《愛彌兒》（Emile），主張自然為兒童發展提供原動力，教師在這個開展過程中不應該過度干預，而要排除發展的障礙物。福祿貝爾（Froebel, 1782-1852）進一步闡述這個理論，並開創一個名為「幼兒園」的學校——一個兒童可以像植物般生長的花園。

鉅型理論化同樣明顯出現在杜威（John Dewey, 1859-1952）的著作中，他是一位哲學家、一所實驗學校的創辦人，也透過許多書籍解釋自己的教育理論。[3]杜威也許是英語系世界中最後一批的「鉅型理論家」之一。這種「鉅型理論」的特色就是它有某種需求意識，把教育視為一種「逐漸了解」的過程，而這個過程產生在某種脈絡下：一方面是社會一般理論，另一方面是兒童理論。相對來說，鉅型理論家的做法就是完整說明自然與教育的角色。晚近的思想家傾向於迴避這種鉅型理論化傳統，聚焦在更小範圍的問題上。

(三) 基礎取向

　　繼「鉅型理論」傳統之後，教育研究開始變得更為專門化。心理學很快成為研究焦點，探討有關兒童與學習本質的問題。哲學與社會學也成為相關專門研究的競技場。有關教育的知識開始零碎化，成為專門研究，到了二十世紀中期以前，課程領域開始出現；它藉由教學組織與學校學習，維持一種「實務」焦點，將各種零碎知識組合在一起。

　　由於這種知識的零碎化，教育研究基礎取向誕生了。[4]迅速發展的專門主義必須聚焦在教育生活上，但是各專門領域成長太快，無法一致。師資培育機構開始教授跟教育有關的社會學、心理學、哲學與歷史。從這些領域中，教育哲學、教育社會學與教育心理學逐漸崛起，成為獨特的專門研究；它們變得更關注本身的發展，而且多少已經跟它們的「母」學科分道揚鑣。到了這個時候，知識產業帶動教育研究的發展：教育與「教育現象」知識的發展，開始具備自己的活力，幾乎可以獨立維持實務發展的動能。專門領域的進展，足以讓它們提出自己的學術問題，並且讓更多研究者繼續投入。這裡的意思不是說研究者不關心學校事務。相反地，二種獨特研究開始萌芽：研究特殊的教育「現象」（像是學習、動機或學校中的社會群集）或者「議題」（像是權威、管教或知識），以及服務研究，也就是學校系統與學校的某種研究服務，目標在於蒐集、整理資訊，以做出決定。

(四) 教育理論

　　1960年代，英國教育的學術研究開始在某種新型態教育理論上，達成嶄新──儘管相當脆弱──的統一。各學科就像「基礎」取向那樣，擁有自己的地位，但是教育學界設法讓不同學科共同關注教育過程的本質（而不是實務）。赫斯特（Paul Hirst）（1966）[5]概述了這種教育理論觀

的特色：

1. 理論是經過系統闡述與證實的原則，而原則指涉的是應該進行哪些實際活動。

2. 理論本身不是一種自主的知識「形式」或學科。在它的邏輯特色中，理論的概念架構與有效性檢測，都不是獨一無二的。事實上，它的許多核心問題是一種特殊普遍層次的道德問題；那些問題聚焦在教育實務上。

3. 由於原則的闡述來自於實務，所以教育理論不是純理論的知識領域。但是它的複合特質類似這些領域。

4. 教育原則的合理性，必須完全直接求助各種知識，包括科學、哲學、歷史等。除了這些知識類型，它不需要其他的理論綜合體。

（p. 55）

顯然這種教育理論的特性描述在於，其他學科知識可以讓教育實務合理化，而教育理論發展必須仰賴那些學科的發展：它無法自我發展。這個觀點呼應了奧康納（D. J. O'Connor）[6]的某些想法；這位深受科學影響的哲學家甚至打算進一步宣稱，教育理論缺乏首要的實務目的，而且只限於實徵層面的既有研究發現。[7]

從「基礎」取向發展走向赫斯特與奧康納的「教育理論」觀，這個跨步成果非凡；它完成一項教育研究發展，從希臘學者探討知識與行動、高度關注教育實務與政治生活行為，經過專門研究擴增而導致知識零碎化，直到針對教育知識的本身價值進行評價——雖然它以實務原則的形式，保留表明立場的權利。我們可以說，教育實務已經變得工具主義導向——某種日益「純粹」或學術性教育理論的技術活動。[8]

(五) 應用科學（或技術觀）與新實用性

美國在1950年代末期與1960年代初期，教育場景也產生變化，只是

變化的情形不一樣。皮爾斯（C. S. Pierce）與杜威的實用主義屬於一種更「實用的」哲學。但是美國實用觀的本質也逐漸朝技術觀靠攏：把教育視為一種培養技術。美國的教育研究同樣採取一種技術轉向，往某種應用科學或技術觀發展。但是1957年（奧康納也在同年出版*Introduction to the Philosophy of Education*）蘇聯發射史普尼克（Sputnik）號人造衛星，美國開始覺醒，展開課程發展運動。學科教材專家負責讓新課程內容明確化，大學教育學者則被暫時徵召從事課程設計。課程變得很像某種技術事物。

在繼續往下討論之前，也許我們可以停下來，自我反思一下史普尼克號發射前的美國場景。杜威和進步主義陣營已經在二十世紀的前二十五年，對教育世界帶來重大衝擊。在「鉅型理論」傳統中，他們一向都會讓教育、社會、政治理論彼此接觸（包括哲學）。他們的主張很大一部分跟培養「全人」有關。「重建主義陣營」（例如拉格〔Harold Rugg〕在二十世紀初期發展出第一套社會科課程）已經賦予教育一種獨特的政治角色與特質，它跟著30年代羅斯福的新政政治學一起蓬勃發展。在這方面，他們也對教育的古典觀深具信心，認為教育就是培養具有敏銳道德與文明教養的人。

但是到了第二次世界大戰結束前，敵人已經從極右派的法西斯主義變成極左派的共產主義。新政政治學的願景在於不分男女，攜手達成社會正義，透過共同邁向更好社會，發展出新共識；這樣的社會理念與理想能否促進社會發展，備受考驗，美國的政治學願景到了戰後已經有所改變。它變得保守：它的社會願景就是良好社會機制已經存在於美國的政治結構中；努力發展的差異在於個體而不是理念。新政政治學現在看起來像是危機四伏的左派，之前蓬勃發展的某些重建主義課程被粗魯地丟在一旁（例如：拉格的書由於左派傾向而被燒毀）。行為主義心理學和教育測量開始對教育實務產生更大的影響力。

1949年，泰勒（Tyler）的經典課程著作《課程與教學基本原理》

（*Basic Principles of Curriculum and Instruction*）[9]問世，它很快就透過各師範學院發揮重大的影響力。這本書清楚指出，課程就是一種達成預定目標的方法。大家開始討論教育目標，目標一旦有共識，接著是詳述目標，以繼續課程發展。教學之後，就可以利用教育測量檢測目標是否達成；如果達成，教學就成功了；如果沒有達成，就要修正教學。

泰勒的方法很快就被行為主義心理學拿來運用，成為教學心理學的基礎。[10]這裡的重點在於現在進行課程發展之前，必須先決定目標是什麼；培養具有教養者的目標，如今被棄之不顧，轉而培養符合某種（目標所暗示）接受教育者的共同意象，而教學與課程成為手段——達成這些指定目的的方法。

在史普尼克號發射前，美國正在對教育展開動員，確保製造出來的科學家能夠與蘇俄競爭，教育學者也為這項挑戰做好準備。當時的教育研究已經是一些有關教育「現象」的研究；而教育現象可以解讀為系統行為現象；教育問題可以解讀為利用教育技術解決技術問題——其形式包括實體的教學機器和編序教學、套裝課程（有時候稱為「防範教師」課程）。課程已經成為一種「傳送系統」。

英國教育研究中顯而易見的「教育理論」取向，並未真正對美國產生重大影響。但是教育理論的技術意涵，明顯出現在泰勒（目標本位）的課程技術觀中。（泰勒關注課程技術，英國教育理論家關注指引原則所得到的理論。）

課程技術觀存在著技術理性所信賴的理論與實務差異；「純粹」與「應用」科學的論辯正在進行，發展高階「純粹」科學被當作一種讓課程即技術發展合理化的方法。此刻，教育研究技術觀占盡了優勢。

美國的課程理論化向來就是一種「混雜」學科。在它的要素中，有些來自「鉅型理論」傳統（例如：人類教養的自由理念），有些來自「基礎」取向（例如：討論教育的社會脈絡或兒童發展本質），有些則來自技

術觀（例如：某種方法—目的取向和教育測量）。課程領域的獨特性在於
關注實務，以及培養實務取向的教師。它變得越來越關注專門教材內容
（因此後來教學法的焦點從「教育原則」，轉向某些特殊學科領域的教學
「方法」）。「課程」的特殊角色在於提供某特殊學科領域形式或方法的
基本內容。基於這個理由，課程領域也開始零碎化，只是它不像教育理論
專門針對學術或科學理論趨勢，它的零碎與分化來自於學校學科教學的特
別要求。數學課程、社會科課程、語言課程、科學課程等領域，讓內容的
明確化成為可能。在這種汲汲於內容（用內容和教學活動塞滿上課日子）
的過程中，課程領域的首要特質被覆蓋掉了。能夠提出教育問題，重新塑
造教育本質的「鉅型理論」和「基礎」取向，越來越受到忽略，技術觀開
始被認定為指揮一切的意象。基本問題因此受到忽視，因為更「實用」
的問題（事實上是偽實用、「技術的」問題）催逼著提出要求：為學校、
教師提供素材。課程被當作顯而易見的產物，並以活動計畫、教學想法、
教材內容與教科書的形式出現。**新實用性**就是一種受到教育技術觀影響
的偽實用性，它成為教育行業的基礎：以課程套裝的形式，分別為學生、
教師提供文本與腳本。

　　在這樣的重點改變中，教師成為教育舞台的演員或者──以一種更
不客氣的比喻──教育工廠的技工。深切的教育問題被學術課程設計者
獨攬，而不是教師。至於教師關心這些問題的程度（例如：職前訓練期
間），僅是他們感激課程專家發展出那些教育計畫。[11]教師無法從教學或
學校課程中產生教育理念，他們會使用別人發展出來的課程。如果他們靠
自己的能力成為教育演員，那就是一種模仿專業課程發展者的形式，而不
是自主的教育活動。

　　課程領域的焦點因此從**實行**（*doing*）轉變為**製作**（*making*）。這麼
一來，課程即「製作」的觀點，就是把教育事務視同工匠工作，把教育情
境工具化為技術方法與已知目的（也就是說，在某種教育的偶然相遇以

前，只能用預先決定的方法、目的來了解情境，忽略了情境的基本開放性，以及師生人類關係的傳遞性。）此時，伴隨著史普尼克號發射和課程發展運動，這種課程觀達成一種出乎意料、幾近完整的宰制。

而且當時——至少美國教育是如此——發生一個特殊情形。

(六)實踐

那個特殊情形就是混亂的課程技術製作，需要某種指引架構。課程專門研究需要明確的理論來指引技術。新自我意識的發展，代表來自於理所當然、經過審查與明確規範領域的技術假設，必須加以檢視、恢復原狀。泰勒的技術取向，某種程度上提供了一種相容理論。但是**實踐**重點在「鉅型理論」、「基礎」取向退場後，一直受到抑制，現在則恢復它的教育思維原貌（它過去仍然存在於師資培育的理論課程中，只是就「新實用性」的技術層面來說，變得越來越不相干）。希臘人認為比較真實的實用性就是**實踐**（praxis）（它的指引意象是某位智者想要在某個社會─政治情境中，展現相稱的行動），它始終同意對目的、方法存疑，而且那是某種選擇——在某個既有情境中選擇展現正確行動，而不是接受特殊目的的指引。儘管課程領域出現新的自我意識，教育研究的技術與實踐取向再次引發爭論。

1960年代施瓦布（Joseph J. Schwab）發表一篇名為〈實踐：一種課程語言〉（The practical: a language for the curriculum）的文章[12]，課程理論界突然出現**實踐取向**的主張。在這篇文章中，施瓦布區分「理論」取向（我們之前稱之為基礎取向——雖然施瓦布也批評赫斯特的「教育理論」觀）與「實踐」取向。他認為理論取向讓課程領域與課程實務變得支離破碎，帶來混亂與衝突，無法協助實務工作者對未來做出明智選擇。施瓦布的指引意象就是學校課程委員會在決定學校課程時，會考量實際的限制及學校社區利害關係。這種意象很接近亞里斯多德的觀點：智者在希臘城邦

的政治脈絡中，選出正確的行動路線。

　　但是施瓦布的看法也爲充滿進步主義思維的有教養者理念，找到一個新位置（更確切地說，它們來自相同的學術根源）。培養理性的人——而非培養順從——再次被置放到社會、政治脈絡中。施瓦布的那本傑作《大學課程與學生抗議》[13]，不但用文字說明實踐的方法，也同時展現亞里斯多德式的方法與寓意。它把課程辯論放到政治脈絡中，主張學生會發現自己的課程與自我發展成爲理性者以及能關注現代社會的政治發展「無關」。

　　在施瓦布的文章中，教育理論家與泰勒課程技術學者顯然把課程理論、實務的實踐取向，當成技術取向來處理。他的觀點從應用科學與教育理論典範中，很快吸引到一些不受日益技術觀影響的追隨者，而變得越來越有影響力。1950年代的趨勢——韓戰、麥卡錫主義與社會問題的技術取向——有所轉變。越戰不受歡迎（不再熱衷於對抗共產主義），越來越多人抗議政治、社會系統的技術宰制。[14]對教師來說，關注課程再次被認爲是必要的。

　　〈實踐：一種課程語言〉的出版，對課程學術研究的影響很大。這篇文章擔憂教育技術人員過去盛行的課程設計技術取向。它認爲在學術理論家或教育系統設計者眼中，課程思維的產生必須以學校生活爲範疇，它要讓實踐判斷恢復成爲某種課程製作的必備藝術。

(七) 教師即研究者

　　如果把施瓦布的實踐觀當作**教師即研究者**的先備基礎，那是過度簡化。然而，我們可以說施瓦布跟斯騰豪斯（Stenhouse）都是實踐取向的代言人：二人都同意教師身爲執行者，他們必須是課程活動的核心，他們的判斷必須來自本身的知識、經驗，以及實際情境的要求。斯騰豪斯（1975）對於教師即研究者「運動」的貢獻有目共睹，正確地說，這種推

力源自對於政治情況的回應。

斯騰豪斯的主張當然對英國教育場景帶來比較多的影響。它追隨人文課程方案（Humanities Curriculum Project）[15]的精神，彰顯教師的「擴展性專業主義」；在英國，教師即研究者概念所訴求的專業，屬於專業主義的某個成分。它之所以得到認同，是因爲它確認並合理化一種完善發展的專業自主感與責任感。

同時，教師即研究者運動的「興起」時間，適逢教育結構與系統產生驚人變化。當時似乎是一個專業解放的時機。但是同樣明顯的是，**教師即研究者**運動的要素跟**學校本位課程發展**運動並不一致。二者的焦點不同：前者是個別教師，後者是學校。教師即研究者取向的理論基礎是個人主義；學校本位課程發展則是集體主義。[16]當時，沒有人注意到二者的差別：二種觀點都是權力下放，在某些情況下可以彼此調和；這些觀念都受到教育現場接納。斯騰豪斯的課程領域取向爲之前的改革，提供了某種合理化（或理論化）基礎。

(八) 新興的批判傳統

對於課程理論與實務時代來說，「教師即研究者」是一個特別受到歡迎的口號。但是它的理論根源卻難以理解。施瓦布的實踐觀或許可以提供進一步的證明，但是要落實這種取向，必須在思考課程議題時做出深刻的改變。有關這種深刻改變的證據似乎不多——除非有人準備用教師自抬身價地提出深奧的「專業判斷」當作證據。事實上，教師和課程發展者轉而接受斯基爾貝克（Skilbeck）與雷諾茲（Reynolds）那種有點僵化、幾乎技術導向的課程發展「模式」（情境分析—目標定義—課程發展—評鑑模式），以引導他們的活動。至少在私下場合，斯基爾貝克承認那種模式某種程度上也許誤導、簡化了複雜的議題。那種模式想要提供一種實際判斷的架構，卻常被當作課程理念的合法化架構——被當作公式，而不是實

務上一系列有待解決的不確定議題。越來越明顯的是，教育中的政治變化跟課程、專業上的心智變化並不一致。學校與系統中，必須形成新型的參與、諮詢組織結構，創造出一種為課程培養心智架構的氛圍。在學校層級，參與式的決定結構和全校性課程計畫，為實際的課程論辯提供了討論平台。

這些諮詢、參與結構必須被視為課程的基本要素：課程理論必須體現某個社會理論。在這樣的脈絡下，課程的**批判傳統**開始出現，它不僅包括教育事件與組織理論，也包括事件與組織中的參與者如何學習，並因為學習而共同合作以改變學習的理論。

三、課程研究的五個「面向」

究竟應該如何定義「課程」，眾說紛紜。對研究者來說，課程的明確焦點同樣模糊不清。在一個教學或學習的特別行為中，可以找出多少課程？它指的是一套橫跨一整年的產物嗎？必須從歷史情況與一般教育政策關係去理解課程的程度有多少？必須透過教材、教育實務去理解課程的程度有多少？課程代表一般系統、人類偶遇的程度是多少？

有人認為以上這些都可以作為課程研究的焦點，而且彼此緊密相關。考洛思（Kallos）和倫德格倫（Lundgren）[17]在1962年瑞典教育系統綜合化的研究報告中，就採用這個觀點。有關這個觀點的看法很多──但是找出它們相關的理論架構，會是很大的成就。

但是，並非所有課程研究都採用這個觀點。許多研究經常無法清楚交代它們的一般理論架構，修習課程的學生只能擔心不同研究的不同焦點，完全無法讓研究者心中的架構或一般理論架構，保持一致。[18]因此不同研究是否彼此一致相關，是有問題的。施瓦布[19]採用教育共通性的概念（教

師、學生、教材與教師─學習環境），作為一套普通語言類別，讓我們可以描述教育活動。我們同意這些名稱的確存在於我們的教育事務討論中，但是無法清楚定義課程研究的焦點。

各個課程研究者根據不同的基礎來進行研究：某種個人興趣；基於其他當代研究；因為目前關注的實務或政策意涵；因為他們希望有助於某種研究文獻的進展，或某個研究社群的論戰；或者甚至因為他們想要嘗試或改善某些特殊研究技巧。因為課程研究的可能焦點範圍如此廣泛（它包括所有結合運用四個共通性概念的事物嗎？），課程領域存在著某種「混亂」。

為了讓注意力回到課程研究的某些特色──這些特色是作為某種探究領域所需具備的理論與方法論興趣，我們現在簡單討論一下五種課程研究面向：

1. 不同層級的教育研究（從鉅觀到微觀角度）。
2. 有關教育情境特質的不同觀點（即「系統」、「計畫」、「人們偶遇」或「歷史時刻」）。
3. 不同教育事件觀點即研究對象。
4. 強調教育就是一種獨特人類與社會歷程的程度不同。
5. 強調研究者介入研究情境的程度不同。

(一) 不同層級：從鉅觀到微觀角度

許多年來，課程理論學者研究課程與文化之間的關係。杜威與進步主義陣營對這種關係深感興趣。社會重建陣營（包括拉格及更近的斯基爾貝克）主張教育扮演重新塑造社會的角色。課程理論學者與研究者曾經想要探討教育在培養「有教養的人」，以及（最近）期待不同社會與文化形式（重建學派）過程中所扮演的角色；不過，目前焦點擺在教育與社會結構的互動。[20]事實上，這些當代理論家已經充分證明學校教育如何再製

了社會結構，而非改變它。

以鉅觀層級來說，有關整體教育系統的相關課程研究仍然存在。前面曾經提到考洛思與倫德格倫在瑞典進行的研究。詹克斯（Jencks）等人[21]探討美國家庭、學校教育對不平等所造成的影響。課程與教育研究者則從系統層級，研究許多教育政策的效果。[22]

接下來的研究聚焦在**學校層級**。舉例來說，社會學家哈格里夫斯（David Hargreaves）[23]和萊西（Colin Lacey）[24]進行個別學校的個案研究。**教室**也成為許多課程研究的對象。韋斯特伯里（Ian Westbury）針對1970年代的教室研究，寫了一篇很好的回顧性文章。[25]

最後，許多研究者注意到**師生互動的特性**。無論學習結果或不同類型的學習機會與學習過程，這些互動的微觀分析經過證實，都相當發人深省。[26]

儘管這些研究層級的程度不同，但至少對於斯騰豪斯的定義都具有課程意涵。在任何真實的課程情境中，不同層級的相關因素會影響某個教育計畫的啟動與實施。倫德格倫想要利用「框架」或「框架因素」概念，讓層級關係的概念化具有順序性：各種限制、機會架構會形塑教室中的所有事物，也透過教學大綱、學校決定與師生互動逐步前進。[27]

不同的課程研究者會針對不同的層級；從課程即一種領域的觀點，問題就會跟彼此分屬不同層級有關。那些不同層級屬於純粹的組織或行政意涵（從公司管理到廠區）嗎？它們的差異屬於生態性質（鉅觀與微觀環境的差異）嗎？它們的差異在於技術系統中的不同成分（從驅動軸到汽車）嗎？或者它們屬於某個歷史過程中（從國家歷史到地方歷史）的不同「層次」？

結果是，不同研究者對於這些關係提出不同的假設。那些假設會導致他們聚焦於不同教育事件，不同團體也提出不同的行動建議決策者、教師、課程設計者、其他研究者或一般社區。隨著我們考慮其他面向而調整

課程研究，有些不同觀點變得更爲清楚。

(二) 有關教育情境特質的不同觀點

二十世紀末，我們思考正式教育的過程 —— 尤其跟學校教育有關 ——時，很難不想到教育**系統**。教育是國家的一個責任，全體人民教育機會（或義務）的快速擴張 ——西方工業社會更是如此，是最近的現象。政府和政府顧問的關注焦點常常放在教育系統的建構與重建。本世紀的行政重點指引著教育思想家，把焦點放在爲更多潛在的「服務對象」提供教育供給組織。從這個觀點來看，很自然地會把教育當作一種**商品**（或者一種投資），把教育組織當作**傳輸系統**，讓「服務對象」可以買到商品。

因此，在鉅觀層次，教育行政開始扮演系統管理者的角色。在微觀層次，課程議題似乎成爲博學教師有組織地將內容與技能傳遞給極度無知學生的議題。

在一個技術社會中 —— 尤其知識被視爲一種商品（證書可以「買到」機會、權力和地位），系統觀特別具有吸引力。從系統觀的角度，所有人似乎可以得到公平的機會，最應該得到機會（最有能力）的人，會從學校教育系統的選擇過程中浮現出來，得到社會中擁有最大機會、影響力與報酬的地位。

在微觀層次，個別教師、學生和家長也受到激勵，接受這種觀點，把教育過程視爲「知識」（與資格）的累積。每個人都有機會；要決定誰累積最多「知識」（這些人會依據早期競爭的成功與否而得到之後的機會），就會帶來競爭，而「贏家」的報酬就是占據社會結構中的特權位置。教師的任務就是創造出一種科層體制下，「公平」的內容傳輸系統；也就是說，這套系統提供開放的進取機會，不考慮個體的個人興趣或習性，只根據表現來進行差異化的後續處理。

教育「系統」觀認為知識是可以傳遞的內容，教育供給組織在科層體制中是「公平的」，而教育是一種社會商品；當代很多教育研究者採取這樣的觀點。許多教育行政、教學心理學和課程發展研究，明顯呈現這樣的觀點。某些教育社會學派也是如此。

這種「系統」觀令人難以抗拒地把課程當作設計出來的「計畫」，可以提供某些知識（資訊、技能），以創造、維持、監控並評估學生的進展。

然而，有關教育情境的其他觀點同樣存在。**人文觀**強調教育屬於一種人類的偶然相遇，目標是發展每個個體的獨特潛能。進步主義就屬於這種觀點。它也相容於個人主義的自由哲學，以及社會民主取向的平等要素。

採取人文主義取向的教育學者經常關注另一套議題。他們預設了每個個體的內在價值，探討的議題包括自尊與自我概念、學習中的內在動機，以及每個學習者打造個人知識等主題。在另一個層次，他們可能也關注教育中的文化議題，以及透過教育進行社會重建。進行研究時，他們也許會採取存在主義或現象學取向，在選擇方法論時反映出自己的哲學承諾。

第三種教育觀採取另一種觀點。它從社會政治脈絡來檢視教育議題，試圖找出形塑教育供給與實務的**政治－經濟**結構。它從歷史、社會層面來檢視教育。這些教育學者關心的主題包括文化再製議題（透過教育與其他社會過程再製社會結構）、教育的政治經濟學（探討社會知識的生產與分配），甚至教育研究本身的社會與政治結構。

這些不同觀點對於社會過程的特質、教育的角色及人類的本質，採取不同的立場。每個觀點處理課程的方式也不一樣。處理課程問題時，「系統」取向也許把它們當作傳輸系統的技術問題；人文取向把它們當作人類、社會與文化發展問題；政治－經濟取向則視為意識形態與社會控制問題。

(三) 不同教育事件觀點即研究對象

　　部分基於剛剛討論的不同哲學觀點，不同課程研究者會從不同面向去探討教育事件，使得研究對象似乎大不相同。例如：有些研究者用**抽象、普遍的類別**——諸如動機、能力、社會階級或成就——去描述教育現象，想要找出相關類別架構中不同變項之間的因果關係。有些人想要找出這些變項之間的互動類型，以便更有效地控制教育籌畫，儘量擴大所有學習者的成就。他們認為教育過程錯綜複雜，但是仍然可以公開分析；複雜性是可以理解的，也因此可以透過技術來加以控制。

　　有些人認為所有教育事件都是獨特的，其性質如此**多元、多面向**，我們簡直不可能精確分析它們的特質，或者期待某種技術能夠用任何有效或可行方式來控制教育過程。他們傾向於聚焦「實際」（而不是技術）和參與者觀點（而不是理論觀點），認為這些對於教育研究和課程探究來說，比較具有參考價值。

　　有些人認為教育事件就是一些**社會—歷史實體**，它們是無法分析的——除非從發展或歷史的角度；此外，教育事件具有**反身性**（隨著參與者知識變動而改變；以事物、互動的歷史與社會狀態來說，它們既是產物，也是生產者）。他們會比採取「多面向」觀點的人更進一步，重點也許是參與者及參與者的觀點，但是會運用語言工具和策略行動去改變教育情境，啟發參與者思考不同實務的本質和結果。

　　再者，我們必須依據個人所採取的不同觀點，利用不同取向去進行課程研究任務，對於不同議題也應該關注。抽象／普遍取向聚焦於教育環境中一些可以操控的變項；多元／多樣取向聚焦於變動的觀點，找出適用不同脈絡的明智實務；社會—歷史／反身性取向則聚焦在一些涉入特殊教育過程者的語言和策略行動。

(四) 強調教育就是一種獨特人類與社會歷程的程度不同

　　有些教育學者進行教育現象研究時，運用*自然科學與技術模式*。他們認為，想要真正了解教育，只能運用這種科學分析來檢驗教育現象。他們從相關人員的行為來檢視教育現象的證據，探討行為類型與外在影響行為因素的關係。簡單來說，他們認為教育過程起因於某些事物，也受到某些因素影響，因此也許可以加以控制。

　　有些人不輕易接受這種自然科學類比。他們認為人類活動會受到意圖的引導，反對決定觀的唯一宣稱。他們認為教育為人類與社會所特有，它是語言、與他人互動的產物，也是社會、文化架構的一部分。而且他們主張，我們的教育行動是道德選擇與承諾的結果，只能用我們的價值、渴望與意圖脈絡來理解。對這些人來說，要理解教育，必須從教育對那些涉入教育過程人員的*意義*來解讀。

　　這種差別反映出有關社會科學本質觀某種更普遍的差異。十九世紀末起，這樣的辯論就已經展開，德國社會學界更是如此。英國實徵主義者認為社會科學原則類似於自然科學。米爾（John Stuart Mill, 1816-1883）的確強烈支持這個論點，認為社會科學（就像當代的潮汐或「潮汐學」研究）只不過使用了「不精確的」方法，其他現象則可以使用「精確的」方法。[28]但是有些德國社會學家反對米爾有關社會生活研究的論點。他們認為Geisteswissenschaften或「人文科學」與自然科學的差別，不僅在於精確性，它們的特質也不一樣。理解人類與社會事件的方式不同，研究時必須適度使用不同的方法。[29]

　　在課程研究領域，二種觀點各有支持者。[30]二派陣營提出的各種觀點經常被誇張描述（例如「量化」與「質化」之間，或者「客觀性」與「主觀性」之間），而且二派的辯論經常流於教條主義。然而社會科學歷史顯示，二種取向擁有豐富的批判文獻。[31]再說，最近對於這些觀點的關係，

已經有了更清楚的認識，而且跡象顯示，我們可以建構出某種新架構，以了解這些對立觀點。[32]課程研究者與理論家很快開始探索這種新架構——**批判的社會科學**——的可能性，以及它與課程問題的關係，同時也證明了它的前景。[33]

簡單來說，顯然課程的特質在於人文與社會，課程研究者就像一般社會科學家，透過自然科學取向檢視問題、議題的程度，各有不同。就自然科學方法不適用社會生活研究的程度來說，有人認為課程研究者必須拒絕自然科學方法，改採其他更適用於社會生活研究的方法。

(五) 強調研究者介入研究情境的程度不同

今天很少有自然或社會科學家相信，他們的觀察是「非反應性的」；也就是說，觀察舉動不會以某種方式改變觀察對象，或者至少不會改變理解的脈絡。觀察常常會對被觀察者造成某種影響，而且進行觀察時所採用的架構，對於觀察理論或實際推論來說，並不是中立或無關痛癢的。簡單來說，今日的觀察通常被認為是價值附載的理論。[34]但是研究者介入研究情境的程度多寡，卻存在歧見，這對於理解觀察是有必要的。

例如：有些課程研究者與評鑑者已經嘗試發展一些盡可能避免介入的方法。「回應性」或「闡明性」的評鑑者不認為他或她的做法是非反應性的，但會設法儘量忠實呈現身處某種情境者的觀點。[35]這些取向努力設法將改變的權力交給情境中的參與者，而不是觀察者。

有關「參與—觀察者」和「觀察—參與者」的研究也很多。就前者來說，觀察者想要參與情境，但會提醒自己在場會對情境造成哪些影響。有些參與—觀察者願意因為造成影響而犯錯，有些則避免造成影響，但是二者都傾向於認為，參與觀察的當下與直接目標就是理解——而非改變。[36]

然而課程研究中的實驗取向，的確必須介入情境。透過觀察介入效果，觀察者希望了解其中的因果關係。這種介入被嚴格認定為基於研究目

的；但是實驗者認爲情境的後續變化，可以根據證據以及他或她探索的理論產物，得到合理的證明。但是實驗者所期望的介入，會接續理論發展的理解，成爲一種應用科學或技術；初始的介入是爲了解釋，而不是應用。

　　最後，行動研究者也把目標放在介入，但是他們期待理論或理解的進展，成爲介入眞實世界的結果。換言之，他們容易把理論發展或理解視爲一種改善眞實情境的副產品，而不是應用「純粹」理論進展的副產品。[37]

　　簡單來說，不同的教育事件研究取向，意味著研究者對於介入研究情境本質的不同觀點。介入可以基於理論或詮釋發展，認爲理解情境的語言可以系統性地發展，做出後續是否、如何造成永久改變的決定。有些詮釋研究者與實驗者認爲某種程度上，他們的介入跟研究情境的日常生活無關。其他研究者的介入目標是爲了改變情境，期待理論的進展或後續的理解。行動研究者更是抱持這種觀點。

　　研究者觀點跟研究情境的關係，也有一些對應的差別。參與者也許被認定爲研究對象（或者現象的一部分：「實驗對象」）或是與研究者共同追求知識的合作者；或者研究者被參與者認定爲追求改善實務的合作者。以知識類型及研究所「產生」的行動來說，這些差別都會產生重大的結果。

四、課程研究與專業能力

　　根據課程研究傳統與面向的回顧，顯然界定教師專業主義特色的方式有所不同，教師專業發展的方式也跟著改變。潛藏在課程研究特色多樣性與複雜性底下的是一些可以清楚分辨的假設，它們包括教師所需專業知識的類型，以及研究者提供知識的角色。爲了聚焦這些課程研究特色，我們不妨說明以下五種教師專業能力觀點。

(一) 常識觀

這個觀點指的是根據實際常識經驗——而不是理論——來定義研究知識的所有取向，因此它們受限於系統編排一些既有的教育理念與實務知識。依照這個觀點，研究者的任務是促進教師成功服從傳統行為類型。專業發展只不過是更有技巧地運用現有的教育學知識庫藏。

(二) 哲學觀

這個觀點強調教師必須針對本身「教育哲學」所依據的基本假設、理想，採取一種反省立場的所有取向。因此，研究的目的在於提供教師某種必備概念與洞察，以便對教育人員角色的本質與目的，形成一致的理解。依照這個觀點，教學是一種專業職業，因為它會受到自我覺察基本教育原則的指引，而不是任何狹隘的工具性或功利性目標與動機。這麼一來，專業能力就是依據完整論述的原則、價值與理念，做出判斷。

(三) 應用科學觀

應用科學觀陣營認為，研究者的任務是生產經過科學驗證的知識，以確保預先設立的教育目標可以透過最有效的方法來達成。根據「應用科學」觀，教師的專業知識來源並非著重教育價值與目標，而是擁有必備的技能，將科學理論和原則運用到教育情境中。根據這個觀點，教師專業發展要求教師對教學採取一種技術取向，利用科學知識讓學習效能極大化。因此，判斷專業能力不是參考教師如何形成目的，而是達成目的的做法有多有效。

(四) 實務觀

這種觀點跟「哲學」觀一樣，把課程研究當作一種反省、慎思的探

究形式，其結果不是生產理論知識，而是具有正當道德理由的實務決定。研究者不是一位外來的調查者，企圖提供教育問題的解決方法，而是一位諮詢者，他的任務是協助教師達成合理的實務判斷。因此，教師的特殊專業主義並不來自於嫻熟既有的實務知識，或有能力應用科學驗證的技術規則。它跟其他行業成員一樣，來自於教師擁有某種倫理準則的事實。這種觀點跟「哲學觀」一樣，都認為教學是一種專業活動——因為教學本質上涉及道德目的與目標的追求。然而，「哲學」觀傾向於將這些道德目的問題跟實現問題稍微區隔，「實務」觀強調的不是**用**教學理解道德，而是在**過程中**、**經由**教學來理解。因此要判斷專業能力，不是透過道德原則的闡述、辯護能力，也不是一種傳統服從或技術問責。評估專業能力必須從道德、審慎負責的角度來進行，以便在現有教育機構的脈絡中，真正做出實務的判斷。那是一種明智、明辨的深思熟慮，不是服從一般傳統或狹隘指明的實務處方。

(五) 批判觀

　　認同這個觀點的人，多半會接受「實務」觀的思維。例如：二種觀點都認同實務工作者必須對本身的教育目的、價值做出承諾，進行自我批判反省。不同點在於「批判」觀更認為，構思這些教育目的也許會受到意識形態力量與限制的扭曲，實現教育目的時，也會受到體制結構的阻礙。批判觀認為，教育問題與議題的產生，不只是**個別**事物，也是**社會**事物，想要圓滿解決，必須集體或共同行動。因此，批判研究結果不僅呈現睿智的實務判斷，也包含理論說明，它可以作為系統分析扭曲之決定與實務的基礎，也可以提出一些社會與教育行動建議，藉此消除那些扭曲現象。進一步，研究者也許可以提供這些理論，但是它們並不是一些「外部給予」並「經過科學驗證」的主張。它們是一些詮釋，這些詮釋只能透過實務工作者在**自由**、**開放對話**狀況下的**自我理解**而得到驗證。因此，根據這個

觀點，專業發展指的是教師更能洞察本身的自我理解方式，而這些方式可能會妨礙他們適度察覺扭曲或限制社會中應有教育行為的社會與政治機制。這麼一來，專業能力需要教學專業共同針對教育目的與實務、足以影響教育目的與實務的政治與社會結構，進行持續慎思、批判討論。這種專業討論也必須連結到社會中教育角色的廣泛社會辯論。

這種紛歧研究立場的現象——對於教學專業研究的目的與價值，各自抱持不同的態度——在許多方面只不過是一種古典希臘觀的當代確認：任何特殊知識形式的適當性，必須視其服膺的**終極目標**（*telos*）（或目的）而定。以不同目的來說，最具有影響力，能夠闡述這種觀點並區隔各種探究形式的就是亞里斯多德的學門三分法：「理論」、「製造」或「實用」。

簡單來說，理論學門的目的是透過沉思追求眞實；它的**終極目標**在於本身想要獲得知識。製造科學的目的是為了做出某件事物；它們的**終極目標**是製造某種工藝品。實用學門則是那些處理倫理、政治生活的科學；它們的**終極目標**在於實用智慧與知識。

適用於**理論**活動的思考形式本質上是沉思的，適用於**製造**學門的知識與探究類型則是亞里斯多德所謂的**創造**（*poietike*），它可以大概翻譯成「付諸行動」，而且明顯存在於工藝或技能知識中。希臘人把工匠傾向形容為**技藝**（*techne*），也就是根據工藝規則，用一種眞實、合理的方式行動。某種指引意象或理念（**型態**〔*eidos*〕）會指引製造行動，提供某種完美表現或產物典型，而產物也多少可以適度展現指引製造的理念。製造情境的重要性，要看它提供製造素材的程度。我們今天可以說，某個在地情境的重要性，要看它對製造過程帶來多少助益。我們可以把**創造**所涉及的推理形式，稱為「方法—目的」或工具性推理。在這種思維中，引導意象如此強大，它會宰制行動，朝既定的目的前進。

適用於「實用科學」的推理形式，被稱為「**實踐**」（*praxis*）。**實踐**

跟**創造**不一樣，它屬於深知熟慮的行動，會對特質與後果進行反省，然後再反射性地改變當初啓發它的知識庫。**創造**是「付諸行動」，**實踐**則是「執行行動」。**技藝**是一種指引、引導行動的意向，但是不一定會被它改變；即使工匠的技巧更高、更了解工藝，它的目標與一般特質仍然不會改變。工藝或技術知識不具有反射性；它不會改變傳統架構以及其中運作的期望。它也不同意，透過工藝練習可以重新建構社會環境的基本特質。但是**實踐**的確具有這個特質，它會重新塑造深知熟慮行動的環境，不斷檢視行動及啓發行動的知識。**實踐**總是接受某種道德意向指引，眞實、正直地行動，希臘人把它稱爲**實踐智慧**（*phronesis*）。

　　這種思維方式是**辯證的**。辯證常常被形容爲某個「正命題」與「反命題」的對立，當二者取得一致，就會達成一個新的「合命題」。例如，有人提出一個看法：個別化教學允許每個學生充分發揮其身爲人類的潛能；反命題則是，個別化教學會提高優勢者的利益，快速篩選出劣勢者，使他們陷入一種有限潛能的生活。要解決這種矛盾，或許可以描述某個系統產生一種壓迫效果（正命題），於是規劃一個嘉惠劣勢者的正向區辨方案。

　　辯證思維涉及了找出這些矛盾（就像某個系統想要幫助所有學生「充分發揮潛能」，但卻粗心地壓迫能力較差的學生，造成矛盾），但是正—反—合公式的意思並不是眞的如此呆板或機械化。相反地，它是一種開放、質疑的思維形式，它要我們在一些要素之間反覆思考：**局部與全體、知識與行動、過程與結果、主體與客體、存有與生成、修辭與現實**，或者**結構與匯合**。在過程中，也許會找到**矛盾**（例如：在一個政治結構中，想要讓所有人都有權力做決定，但實際運作的結果，卻剝奪一些人取得資訊的機會，無法參與影響本身生活的重大決定）。一旦矛盾被揭露，新的建設性思維與行動必須超越矛盾事物的狀態。要素之間的互補性是動態的：它是一種兩極之間的緊繃，而不是靜態的對抗。就辯證取向

來說，要素是相互組成的，不是分割、特殊的。於是，矛盾可以跟悖論做出區隔：提到矛盾，隱含著可以找出某種新的解決辦法，悖論指的是二種無法相容的想法，了無生氣地持續對立。

在**實踐**中，思維與行動（或者理論與實務）屬於辯證關係。二者要從**相互組成**來理解，就像一種互動過程，思維與行動在現存的歷史過程中持續重建，自我顯示在每一個眞實的社會情境中。思維或行動二者，沒有孰優孰劣。相對地，在**創造**中，思維（某種指引信念或型態）居於優勢地位，指引、引導著行動；理論引導實務。在**實踐**中，指引行動的理念會因爲行動意涵而改變；唯一不變的要素是**實踐智慧**，也就是眞實、正直行動的意向。

對照亞里斯多德式分類的背景，我們可以把許多當代課程研究爭論，視爲課程研究應否成爲一種**理論**、**製造**或**實用**科學的種種論述。對於支持「哲學」觀的人來說，課程研究是一種**理論**，支持「應用科學」取向的人，顯然假設它是一種**創造**形式。提出「實用」和「批判」的人，則明顯相信課程研究是亞里斯多德的「實用藝術」之一：一種**實踐**。

此外，希臘人對於**技藝**與**實踐智慧**基本意向的區分，也許不太明顯，這點有助於找出、描繪潛藏的動機與態度，促進當代教育、課程與教學盛行二種主要思維方式的理解。其中最主要的覺察形式是本質上把教育視爲技術導向，因此呼應了**技藝**態度。但是目前興起的另一種看法，明顯受到**實踐智慧**的啓發與指引，它的教育觀本質上是**策略**導向。下一段就要探討、檢視這三種覺察方式。

五、技術、實踐與策略觀

(一) 技術觀

　　整體來說，教師之間的技術教育觀在我們的社會中更為普遍，而且技術的意味非常澈底。教學和課程技術觀把教育的供給當作一套達成已知目的的方法。它假設許多方法可以達成已知的目的，研究的角色就是評估那些方法的有效性與效率。教師知識應該就是那些可供採用的方法，以及它們在不同情況下的相對有效性。

　　在這種教學、課程知識觀中，研究的角色是告知工匠一些技術事物，就像研究不同黏土的膠質，或者幫忙陶藝家找出某種窯爐可以達到的溫度範圍。陶藝家仍然是一個個體、一位工匠，但是工藝層面是由陶藝傳統、產品期望、製作的物理環境來設定。

　　有人也許會以同樣的方式認定教師屬於某種工藝。若干教育傳統、對於學校教育「產物」的期望，以及能夠達成哪些目標的物理限制，的確存在。這些物理限制同時是一種理解其他教學心理、社會與經濟限制的典型代表。有些孩子就像延展性不夠的黏土，被認為不夠聰明，或者學習意願不強；有些家庭就像一座未經適當密閉的窯爐，無法為學生創造出一種足夠強烈的支持氣氛；有些教室就像不恰當的工具，對教學、學習來說屬於貧乏的資源基礎。

　　把教學、課程視同工藝的觀點，屬於一種保證觀念。這種觀念支持我們繼續維持教育傳統、有關教師與學校的期望，以及提供更好的工具、資源與環境就可以改善教育的唯物論觀點（也就是說，相信提供更多經費、資源與更好的環境，可以解決我們的教育問題）。這種觀念也有保證的作用，因為我們輕率地認為教育問題就像「傳輸系統」中的阻礙物，可以透

過技術改善來加以克服。簡單來說，我們不必了解教育目的、不正當傳統或不當系統的副作用或者社會中的混亂變化——這些都需要培養年輕人具備不同類型的技能、知識與批判能力。

(二) 實踐觀

　　相較於技術觀，教育、課程和教學也許可以認定為實踐。以這個觀點來說，教育本質上是一種過程或活動。它發生在非常複雜的社會情境中，如果想要完全控制它，教育人員就必須做出許多決定。教育技術觀把教學與學習行為視為系統中的要素，至少在原則上可以加以控制，作為達成已知目的的方法；實踐觀主張社會世界就是因為過度變動、具有反射性，所以無法如此系統化。它認為社會生活原則上是變動、開放的。在教育的社會過程中，只有透過實務工作者的明智決定——經由他們的實務慎思——才可能進行控制。明智、有經驗的實務工作者會做出高度複雜的判斷，並據以介入教室或學校生活，以某種方式影響結果。但是學校事件與教室生活向來都有一種開放、不確定的特質。那些涉入學校情境人士的行動，永遠無法完全控制或決定如何呈現教室或學校生活。簡單來說，從實踐觀的角度，教育過程無法視為方法—目的系統，也就是清楚、明確的目的和各種達成目的的方法（技術）。採取實踐觀的人認為，要發揮影響力，只能透過實務慎思，明智、謹慎地介入教室生活。實踐不能簡化成技術控制。

　　至少對許多實務工作者來說，這樣的教育過程描述是符合經驗的。他們不覺得必須一心一意地追求目標，相反地，自己多少會同時追求許多不同目的和目標（例如：在某個教室活動中追求特定的知識結果，同時也追求有關廣泛知識觀的一般學習、社會的廣泛學習、教室內外正確行為的學習，甚至隨時準備改變方向，從考慮特定主題轉移到追求某個附帶主題，以吸引學生，促進學習——這在剛開始是預料不到的）。同樣地，實務工作者傾向於不把他們的專業當作一套技術或一製造學習的「工具箱」。他

們當然可以找出一些「專業訣竅」與技巧，但是這些東西會運用在複雜的模式、重疊的場景中，而且其組合常常被一些因素影響：班級心境或氣氛、追求的特殊整套目的、考慮的教材類型；把決定當前教學／學習活動的特殊意象，當作獻給參與「演員」的一場精采表演；以及所有其他隨時形塑情境的各種因素（就像每天的時間、戶外的風勢、當下教室討論的絕佳機會等等）。實踐觀認為專業並不包含設計一套順序性的方法或技巧，「驅策」學習者往預期的學習結果前進。它包含自發、彈性的方向，重新定向學習任務，接受敏銳觀點的指引，了解其他參與學習任務者的微妙變化和反應。

　　要在這種自發性改變、發展的非預期狀況下發揮一貫的影響力，實務工作者無法從追求固定目標或確認某些特殊已知技巧中得到指引（雖然這些東西可以提供某種方向）。他或她會接受過程本身規準的指引，積極運用專業判斷：規準的基礎在於能夠區隔教育與非教育過程、良好與一般（或拙劣）實務的經驗與學習。

　　這種教育觀不會把過程當作一種工藝：打造教室生活就像把黏土捏成各種固定形狀。它把過程當作一種實務，受到複雜——有時候是競逐——意圖的指引，而這些意圖本身會因應局勢修正。它根據的意向是**實踐智慧**——真實、合理行動的意向，在不同情境中會有不同的表達方式。事實上，這是一種歷史悠久的教師角色觀點，可以溯源自古希臘時代。它也許只是制度化的學校教育、相對統一的教室組織、系統化的課程及科層化的行業，讓教育的技術意象逐漸產生。一旦被賦予這種意象，可能就有人同意教室工作可以用技術語言來綜合描述。然而，就像我們這裡想要證明的，另一種描述教育過程的語言（實踐語言），試圖找出技術觀無法捕捉的教育面向，並為它們命名。許多實務工作者想要為那些教育面向辯護，它們就是本身專業生活的品質保證。

　　在今日的教育中，這二種教育專業意象不安地並列著。一方面，專

業教師想要指出目前教育被強制賦予複雜的目的，社會顯然要求年輕一代具備高度技能，學校除了灌輸「認知」知能，還要接受社會教育的複雜任務。而且，教師想要指出目前那些由兒童發展理論、學習與社會結構所支持、有關教學方法的複雜技術知識。這些知識爲適用某種行業提供了技術精熟的證據。但是另一方面，教師想要指出身爲專業人員的自主和責任，他們會根據服務對象的利益，接受眞實、合理行動意向的指引；他們可以明智判斷本身以及學生的行爲；他們會仔細地詮釋社會，讓學生透過他們的理解來接觸社會世界。這種職業精神面向需要實務愼思，儘量透過個人、社會行爲來表達——就像體制慣例與形式那樣。這些競逐的技術和實踐教育觀在討論教育時，並不會彼此涇渭分明。我們很容易不知不覺地使用某種或另一種語言，而且認爲對方從頭到尾講的都是同一種語言。但是最近課程理論發展已經開始區分這些語言，清楚表明一旦某種語言被認爲足以達成檢視完整教育的目的，就會失去某些東西。尤其技術語言取得優勢時，失去的東西更爲明顯，因爲一旦如此，教育的「道德」面向就會不經意地受到壓制，教育成爲純然的技術事物——或者有人會說，那只是一種訓練或灌輸。

有些教育理論家想要解決這二種觀點的糾結現象，嘗試用彼此關係來處理。於是，他們必須創造一種新語言來描述教育，認爲技術、實踐二面向同樣重要：認同教育的系統、制度、工具（方法—目的）要素，也認同它的實踐與道德特質。以下開始討論這種觀點與策略觀的關係。

(三) 策略觀

教學與課程即策略觀的意識，首先認爲教育活動是**歷史定位的**。這些教育活動發生在某種社會—歷史脈絡中，並且闡述了一種我們期待建立的未來觀。第二，這種意識認爲教育是一種具有社會結果的**社會活動**，而不只是個體的發展。第三，這種意識認爲教育本身是**政治的**，在教育

過程中，相關人員的生活機會會因為無法獲得某種有趣生活及物質福祉而受到影響。此外，這種意識認為那些可以影響教育本質的人，可以影響未來公民的品格和期望。最後，這種意識認為就深層意義來說，教育作為——每一種教學作為，以及體現在課程中的每一個學習機會——的問題比工藝或技術觀所承認的還多。就策略觀來說，教育作為的所有層面可能都有問題：它的目的、塑造或建議的社會情境、創造或限制參與者關係的方式、運作的媒介類型（問與答、背誦、模仿、遊戲、機械式學習活動），以及傳授知識的類型（內容知識、欣賞、技能、建構或再建構權力、心照不宣）。在喧鬧的學校生活中，教師必須運用他們的實務判斷來決定這些事物。但是每件事物都可以深思、重新考慮（形成疑問），以啟發未來的實務判斷，而且每件事物都可以透過社會、歷史脈絡來檢視，是否促進或阻礙了更為理性、公義社會的進展。

每一個教育作為都是明確的，也具體呈現出有關這些教育作為層面的想法。認為那些教育作為有問題的教師意識到，他或她從許多可能教育作為、社會生活形式中，選出一個賦予生機。並不是每個作為都可以用這種方式思考（從道德、心智上來看，這樣的要求太高），但是每個教育作為都有可能這麼做。所以教育圈中必須經常辯論，持續檢視傳統架構、期望與行動，並理解不同規定與表現的後果。只有公開、深入辯論這些事物，教育才能提高達成一個公義、理性社會的機會。

因此，認為教學與課程即策略取向的教師，會把他或她的部分工作（而且原則上是全部的工作）交付系統檢視。就執行的可能程度來說，他或她會審慎計畫，慎思行動，系統觀察行動的結果，就情境限制與策略行動的實務可能性進行批判的自我反思。他或她也會製造機會，讓這種私人論述可以跟他人——教師、學生、行政人員與學校社區——共同商討、辯論。這麼一來，他或她就可以協助建立教學、課程與學校組織，以及行政與校內團體、全校或校際的探究者批判社群。在自我批判社群

中，進行批判的自我反思，運用溝通方法培養一種比較經驗感，透過理解他人的工作環境，找出在地或眼前的限制；經由將經驗轉換爲論述，用語言來協助分析、發展一種批判語彙，作爲重新建構實務的用語。

因此，用策略觀來看待教學與課程，可以爲研究提供很大的空間。顯然這裡所建議的研究，要求教師在研究計畫中成爲重要人物。有時候，「研究」只是一種不斷探究教學、課程的態度；有時候，它是一種經過挑選的特殊策略行動範疇，以便進行永續、系統的探究。以後者來說，我們可能指的是某個「研究計畫」。在這種情況下，教師會從所挑選、認爲有問題的特殊範疇中（例如：學校中的補救閱讀方案），採取某種「計畫觀」。在這方面，採取的行動會被認爲是「暫時」或「實驗性的」（儘管它們是經過深思熟慮的思維），那些描述或理解行動的語言將經過批判檢視，社會結果也會加以觀察、反省；對於產生行動的社會情境，也會予以審視，看看它如何創造、限制了所選策略的潛在可能性。一旦教師採取計畫觀，他們也創造了從本身經驗學習、爲本身學習規劃的機會。他們很有可能想要跟他人討論他們的開展經驗。簡單來說，這樣的教師「開始具有批判意識」——意思不是他們成爲否定論者或事事抱怨，而是匯聚他們的心智、策略能力，聚焦在某個特殊議題上，共同透過「計畫」來批判檢視實務。

現在應該很清楚的是，本書企圖主張教師可以運用這種理論架構，具備批判意識。同樣明顯的是，這種教育批判理論的發展，本質上一定要跟教師專業發展產生關聯。更廣泛的專業自主與責任會要求教師透過本身實務知識的批判反思，建立教育理論。

但是教師提供的所有知識未必都有助於批判反思任務。下一段將闡述教師擁有並運用於工作中的知識類型，同時檢視教師知識在發展一種更爲批判取向的課程研究中所扮演的角色。

六、教師知識

　　教師擁有的某些知識——就像教室是教育適當場所的想法——可以追溯自習慣、儀式、前例、風俗、意見，或只是印象。在展開批判任務前，必須先從假設中找出它的根本理由。其他知識就像能力個別差異理論一樣，本質上是抽象的，必須找出它的具體涵義才能進行批判分析（否則批判任務將流於文字遊戲或口頭辯論）。策略行動具有某種思維架構或周延的基本理由，實務會賦予它實質的重要性，更適合批判反省。舉例來說，一位導師和一位閱讀專家想要運用合作教學來改善補救閱讀的教學。它的基本理由來自於教師、學生之間的合作想法，它的實務重要性在於它是一種可行的安排，可以造福師生的共同計畫。但是從經驗的角度，理論與實務都是暫時、多變的。

　　如果要強調某些類型知識比其他知識更能為批判反省提供有效基礎，或許列出一些教師擁有並運用在教學上的知識類型就可以做到。首先，實務的**常識知識**只是假設或意見；例如：學生需要管教的想法，或者不知道學生問題的答案，就代表教師缺乏權威。其次是教師的**常民智慧**：就像學生在颱風的日子會坐立難安；或者安排醫師注射的那天，學生無法輕鬆學習；或者星期五下午屬於難熬的時間等想法。之後是教師使用的大量技能—**知識**：如何讓學生排隊，或者如何在教師說明任務時避免學生講話。接著是許多**脈絡知識**：有關這個班級、這個社區或這個學生的知識，這些知識可以為期望的可達成性或者評估任務的「相關性」，提供背景資訊。第五是一些有關教學策略、課程的**專業知識**：它們的可能性、形式、要義與效果。第六是有關**教育理論的理念**，例如：個體發展或者教育在社會中的角色等理念。最後是**社會與道德理論以及一般哲學觀點的理念**：有關人如何能夠並應該互動、社會階級的發展與再製、

社會中的知識運用，或者有關真理與正義。

在這些知識類型中，有些知識的合理性基礎深藏在實務生活的「底層」中。有些則是空談。前者必須從理所當然中取回，並加以分析；在了解後者的意涵之前，必須讓它們真實而具體。用最簡單的話來說，只有理論（組織過的知識）和實務（組織過的行動）二者都用某種統一方式來存疑處理，批判分析才有可能——就像透過反省、修正，開放辯證的重建。

某些心靈習慣會妨礙我們對理論與實務存疑（尤其不認為二者都有問題）。我們很容易認為理論不只是一個經過組織的知識體——它常被認為接近「真理」——而且是確定或完整的真理。我們很容易認為實務是習慣性、不言可喻或無法避免（只不過是「保持原樣」）。要打破這些心靈習慣，我們必須恢復二者的問題要素。我們必須重新喚醒**實踐智慧**的道德意向；那種能夠回應局勢，正確、真實、謹慎行動的意向。

很少有優秀的社會研究者會掉入將其理論視為「真理」的陷阱。他們認為那些理論有問題，必須開放重建。但是他們向來未必清楚表達其理論具有這種問題特質。令人遺憾的是，許多人閱讀他們的著作，的確認為他們的理論是「真理」（或者相對必然性），他們的社會生活就是揭露固定的型態（研究者可以找出、描述他們的理論，因此創造出新「真理」）。把這些理論視為「真理」或必然（如同毫無問題），會有嚴重的後果。一旦它們被認定為經過充分證明，然後應用的時候不加批判，就會忘記觀察它們的結果。只有發生重大問題，他們才會開始懷疑理論（問題可能會很嚴重——借用自然科學和科技的類比，就像核洩漏一般）。

簡單來說，過度將理論視為理所當然，就會被過去的好點子左右。我們之所以這麼做，只是因為我們的經驗似乎證明那些實務合理而「有效」，我們應該謹記，社會生活現象跟物理、化學不一樣。**某些**一般趨勢以及經過充分證明的社會「事實」固然存在，真正的實務情境是獨特的，社會情況的變化常常無法預測，而且不同觀點會讓我們對於類似情境

產生不同的判斷。

　　社會生活是反射性的；也就是說，它會隨著我們的知識和思維變化而改變，因此創造出重新建構的新型社會生活形式。社會與教育理論必須設法處理這種反射性：所謂的「眞理」必須從特殊歷史情況與社會脈絡的角度來觀察，那些特殊問題的答案，是在某個特殊時間的心智脈絡中獲得的。

　　「知識」有時候被界定爲「合理化的眞實信念」。以這個角度來說，我們這裡所描述教師的所有各種知識，並非「知識」。它未必眞實、未必合理，或者未必任何人都由衷相信。這也許看似矛盾，只有通過檢驗的信念，才能得到「知識」的特殊地位：當它可以並被視爲有問題的時候。因爲如果有人宣稱他們知道，他們就必須說服我們，他們的想法通過了批判檢視：那些想法可以證明是合理的，它們通過各種企圖證明其爲虛假的考驗，而且並非不能相信。

　　這對教師知識來說是一種嚴格測試。除了不容易公開想法——以便批判分析，另一個難題也許是各校與各教室的教學與課程，在社會、歷史情況上差異很大。其結果是，教育的知識必然受到特殊行動—脈絡的束縛。這麼一來，我們應該期望教育很少有必然性（不像自然科學家，我們不能假設教育中的利益現象在所有的時間、地點都一模一樣）。我們頂多期望在社會科學中，知識都會經過試驗（透過某個歷史、社會脈絡的分析與行動），而且不會得到不可靠的結果。

　　那麼我們應該如何看待教師擁有並使用的各種「知識」？我們應該對它存疑。要做到這點，也許可以思考一下**政策**；政策會讓我們宣稱擁有的知識具體化，我們可以在**計畫行動**中使用知識，並在**策略行動**中考驗知識。例如：我們可以想像一個教育機會均等政策，運用它來規劃一個正向差別待遇方案，照顧那些尚未精熟學前閱讀技能的學齡兒童，仔細實施我們的計畫並蒐集不同團體在學習閱讀上的進展資料。按照這種方式，我

們可以很快地批判檢視我們的想法，然後開始同步建立某種教育批判理論與某種批判性啓發實務。一旦我們開始認眞思考將我們的部分「知識」視爲一種行動指引，它們就會開始崩潰；某些會被修正、深化，並經由分析和主動測試得到改善。

教師知識提供一個批判反思的起點。我們不能只把它視爲理所當然，將它系統化成爲理論，也不能把它當作實務的決定性處方。原因不是教師知識的說服力比不上其他人的知識；是因爲教育作爲屬於社會作爲，它們是反射性的、歷史定位的，而且鑲嵌在特殊的心智與社會脈絡中。所以教育知識必須因應歷史情況、地方脈絡，以及不同參與者對於教育偶遇中事件的理解而改變。而且顯然我們所擁有的知識，很大一部分可以追溯自地方歷史與社會脈絡。

我們討論教師知識是因爲它是教育即**實踐**的基本面向：這個面向「留駐於」博學的行動者或機敏的主體中。教育批判理論需要一種批判思考的意向，以及一個批判的專業社群，承諾針對教學專業及完成任務所處的局勢，進行檢視。

七、結 論

本章已經揭示了課程研究的多樣性。但是從歷史與聚焦的角度、研究方法以及研究者和教師的角色來說，這個領域顯然是開放的：對於問題、主旨、方法或探究者社群，它不會剛好匯聚在同一個觀點。在這種多元性中，很難找出穩定的型態。它會在各種社會、政治和文化脈絡中，回應不同的利益、政策與實務關注。

另外還有一些具備某種多元性的主題。也許用理論與實務關係的角度，最容易理解這些主題。有看法認爲理論是一種實務應用的主要來源；

有人認為實務是一種專業判斷，會隨著實務工作者與決策者的智慧發展而發展；還有人認為理論與實務屬於辯證關係，實務的應用與反省可以發展、測試理論，而且理論就是一種冒險計畫，永遠無法用理論原則來澈底合理化。教育與課程研究的不同取向，反映出這些不同的理論與實務觀點。

再者，這些不同觀點反映出社會科學探究本質、目的的不同一般立場。這些「實證主義」、「詮釋觀」與「批判觀」立場，會在以下的章節中一一描述、檢視，但是希望讀者得到的不只是這些傳統的心智歷史。本書的目的反而是讓讀者更了解它們的假設與特質，更有能力參與批判討論、辯論教育與課程研究的本質。同時，更確定的是，我們的用意是想證明教育理論其批判取向的合理性，行動研究則是具體方法論的展現。本書的確主張行動研究屬於一種批判取向，相對地，它可以啟發並開展一種教育批判理論。

▎延伸閱讀▎

本章已經涵蓋很多範圍，並提出許多議題與問題。一些「經典」文本多半已經決定、形塑了大部分的議題，包括泰勒的*Basic Principles of Curriculum and Instruction*；斯騰豪斯的*Introduction ot Curriculum Research and Development*；施瓦布的文章The practical: A language for curriculum。

有關教學專業本質的有趣哲學分析，請參考蘭福德（Glen Langford）的*Teaching as a Profession*。Eric Hoyle在"Educational innovation and the role of the teacher"這篇文章中，提供教師專業的社會學分析。至於亞里斯多德有關技術、製造與實用藝術的討論，可以參考*The Nicomachean Ethics*一書。

註　釋

1　有關教師角色專業特質的進一步分析，參見HOYLE, E. (1974), 'Professionality, professionalism and control in teaching', *London Educational Review*, vol. 3, no. 2, pp. 15-17.

2　例如：參見CANE, B., and SCHRODER, C. (1970), *The Teacher and Research*, Slough, NFER.

3　例如：參見*DEMOCRACY, EDUCATION, and* MACMILLAN (1938), *Experience and Education*, Collier-Macmillan.

4　有關「基礎取向」的代表性闡述，參見STANLEY, W.O., SMITH, B.O., BENNE, K.D. and ANDERSON, A.W. (1956), *Social Foundations of Education*, New York, Dryden; SMITH, B.O., STANLEY, W.O. and SHORES, J.H. (1950), *Fundamentals of Curriculum Development*, New York, World Book; CONNELL, W.F. *et al.,* (1962), *The Foundations of Education*, Sydney, Novak; and CONNELL, W.F., DEBUS, R.L. and NIBLETT, W.R. (Eds.)(1966), *Readings in the Foundations of Education*, Sydney, Novak.

5　HIRST, P.H. (1966), 'Educational theory', chapter 2 in TIBBLE, J.W. (Ed.) *The Study of Education*, London, Routledge and Kegan Paul.

6　O'CONNAR, D.J. (1957). *An Introduction to the Philosophy of Education*, London, Routledge and Kegan Paul.

7　有關此觀點的反駁，參見CARR, W. (1980), 'The gap between theory and practice', *Journal of Further and Higher Educaiton*, vol. 4, no. 1, pp. 60-69.

8　這裡不妨比較一下十九世紀企業主、管理者與工人的差別：有產階級可以開發「純」科學，管理者開發「應用」科學，工人則成為工具或技工，負責執行實際工作。赫斯特跟奧康納似乎想要設法創造一種「純粹」的教育科學——即使它具有複合意涵，可以超越教育即「應用」研究的明顯技術考量與限制。

9 TYLER, R.W. (1949), *Basic Principles of Curriculum and Instruction*, Chicago, University of Chicago Press.

10 泰勒的觀點在R.F. MAGER（1962）那本具有影響力的書（*Preparing instructional Objectives*, Palo Alto, CA. Fearon）中，被拆解成最技術導向的內容。

11 有關教育和人類教養一般目標的問題，越來越被大家認為無關——實習教師在培訓過程中一定會忍受這種情形，但是很難讓他們信服。他們畢竟得適應廣大、複雜的教育系統，必須（認為自己）知道如何**實施教育**（課程），而不是如何**創造教育**。目標已經決定，系統就存在那裡：他們必須知道將來獨自進入教室的時候，應該如何扮演自己的角色，他們所得到的協助就只有他人提供的知識、技能，以及（尤其是）資源（素材）。

12 出自*School Review*, (1969), vol. 78, pp. 1-24.

13 (1969), Chicago, University of Chicago Press.

14 例如：參見REIGH, C. (1970), *The Greening of America*, New York, Random House; and MARCUSE,H. (1964), *One-dimensional Man*, Boston, Beacon Press.

15 斯騰豪斯曾經主導人文課程方案。參見STENHOUSE, L. (1968), 'The humanities curriculum project', *Journal of Curriculum Studies*, vol. 1, no. 1, pp. 26-33.

16 例如：REYNOLDS, J., and SKIBECK, M. (1976). *Culture and the Classroom*, London, Open Books.

17 KALLOS, D., and LUNDGREN, U.P. (1979) 'Lessons from a comprehensive school system for curriculum theory and research', *Journal of Curriculum Studies*，重印於TAYLOR, P.H. (Ed.)(1979), *New Directions in Curriculum Studies*, Lewes, Falmer Press.

18 研究者對於可能採取的理論架構，的確存在歧見。例如：參見EISNER, E. W. and VALLANCE, E. (Eds.)(1974), *Conflicting Conceptions of Curriculum*, Berkeley, CA. McCutchan.

19 出自SCHWAB, J.J. (1969), *College Curriculum and Student Protest*, Chicago, University of Chicago Press.

20 這裡只能列舉一些相關作者：APPLE, M. (1979), *Ideology and Curriculum*, London, Routledge and Kegan Paul; BOWLES, S., and GINTIS, H. (1976), *Schooling in Capitalist America*, London, Routledge and Kegan Paul; GINTIS, H. (1972), 'Toward a political economy of education', *Harvard Educational Review*, vol. 42, pp. 70-96; MUSGROVE, F. (1979), 'Curriculum, culture and ideology', *Journal of Curriculum Studies*，重印於TAYLOR, P.H. (Ed.) (1979), *New Directions in Curriculum Studies*, Lewes, Falmer Press; SHARP, R., and GREEN, A. (1976), *Education and Social Control: A Study in Progressive Primary Education*, London, Routledge and Kegan Paul.

21 JENCKS, C. *et al.* (1975), *Inequality: A Reassessment of the Effect of Family and Schooling in America*, Harmondsworth, Penguin.

22 例如：Bennett知名（且極具爭議）的正式與非正式教學研究：BENNETT, N. (1976), *Teaching Styles and Pupil Progress*, London, Open Books.

23 HARGREAVES, D. (1967), *Social Relations in a Secondary School*, London, Routledge and Kegan Paul.

24 LACEY, C. (1970), *Hightown Grammar*, Manchester, Manchester University Press.

25 WESTBURY, I. (1979), 'Research into classroom processes: A review of ten years' work', *Journal of Curriculum Studies*，重印於TAYLOR, P.H. (Ed.) (1979), *New Directions in Curriculum Studies*, Lewes, Falmer Press.

26 舉例來說，參見BERNSTEIN, B. (1975), 'Class and pedagogies: Visible and invisible', *Educational Studies*, vol. 1, no. 1, pp. 23-41; KEDDIE, N. 'Classroom knowledge' in YOUNG M.F.D. (Ed.)(1971), *Knowledge and Control*, London, Collier Macmillan; LUNDGREN, U.P. (1977), 'Model analysis of pedagogical processes', *Studies in Curriculum Theory and Cultural Reproduction*, vol. 2, Lund, CWK Gleerup.

27 LUNDGREN, U.P. (1972), *Frame Factors and the Teaching Process*, Stockholm, Almqvist and Wiksell.

28 有關「精確與不精確」科學的差別以及對社會科學的啓示，可以參考米爾所著*A System of Logic*（參考MILL, J.S.〔1963年起〕*Collected Words*的7和8冊，Toronto, University of Toronto Press，初版完成於1843年）。漢默頓（David Hamilton）針對米爾對教育研究的影響，寫了一篇最具啓發性的專文 'Educational research and the shadow of John Stuart Mill', in SMITH, J.V. and HAMILTON, D. (Eds.)(1980), *The Meritocratic Intellect: Studies in the History of Educational Research*, Aberdeen, Aberdeen University Press.

29 文德爾班（Windelband）、狄爾泰（Dilthey）、里克特（Rickert）與齊美爾（Simmel）等人的主張跟這點有關。這些作者試圖檢驗社會生活與自然科學事件的差異程度，找出一種適用於社會生活研究的特殊解釋或理解形式。有關這類辯論的歷史紀錄，可以參考OUTHWAITE, W. (1975), *Understanding Social Life: The Method Called Verstehen*, London, George Allen and Unwin.

30 有關自然科學／因果／解釋取向方法論的代表性闡述，可以參考以下具有影響力的第一本手冊*Handbook of Research on Teaching*, GAGE, N.L. (1963), Chicago, Rand McNally，尤其是一些章節，包括BRODBECK, M. 'Logic and scientific method in research on teaching', GAGE, N.L. 'Paradigms for research on teaching', TATSUOKA, M. and TIEDEMANN, D., 'Statistics as an aspect of scientific method in research on teaching', and CAMPBELL, D.T., and STANLEY, J.C. 'Experimental and quasi-experimental designs for research on teaching'。有關非自然科學／詮釋／理解取向的完整說明，可參考以下此書的不同章節TAYLOR, P.H. (Ed.)(1979), *New Directions in Curriculum Studies*, Lewes, Falmer Press。

31 例如：von WRIGHT, G. H.（1971）所寫的書*Explanation and Understanding*, London, Routledge and Kegan Paul.

32 例如：可參考HABERMAS, J. (1972), *Knowledge and Human Interests*, SHAPIRO, J.J.翻譯，London, Heinemann.

33 例如：參考之前引用APPLE, M.（1979）（註20）與LUNDGREN, U.P.（1972）（註17與註27）的著作。

34 量子物理學家也認同這種現象（例如：David Bohm曾經在一篇文章中分析著名的Heinsenberg實驗 'Science as perception-communication' in SUPPE, F. (Ed.)(1974), *The Structure of Scientific Theories*, Urbana, 111, University of Illinois Press）。

35 例如：參見STAKE, R.E. (Ed.)(1975), *Evaluating the Arts in Education: A Responsive Approach*, Colombus, Ohio, Charles E. Merrill; and PARLETT, M., and HAMILTON, D. (1976), 'Evaluation as illumination: A new approach to the study of innovatory programs' in TAWNEY, D.A. (Ed.) *Curriculum Evaluation Today: Trends and Implications*, London, Macmillan Education.

36 參見BECKER, H.S. (1958), 'Problems of inference and proof in participant observation', *American Sociology Review*, vol. 23.

37 LEWIN, K. (1946), 'Action research and minority problems', *Journal of Social Issues*, vol. 2, pp. 34-46.

第二章

教育理論與實踐的自然科學觀

一、前　言

近代很多的教科書都認爲：有關教育研究的目的和方法的問題，可以參考過去已建立的科學目標和方法來找到答案。舉例來說，洛弗爾（Lovell）和勞森（Lawson）在他們有關教育研究的著作中提到，「一般來說，教育研究的目的和那些科學研究的目的是相同的」，[1]而查佛斯（Travers）的著作則強調，「教育研究是朝向一個組織嚴密的科學知識體而發展的活動。」[2]阿雷（Ary）也說「當科學方法應用到教育問題，教育研究就是結果。」[3]

同樣地，大部分有關「教育理論」本質的哲學討論都是以科學理論作概述，並評估教育理論可以符合科學理論到什麼程度。例如：奧康納在他一篇討論此主題的有力文章中提到，科學概念的「理論」提供了合乎邏輯的標準，「使我們可以評估……任何對於『理論』的主張」，以及「使我們得以判斷學者所提出的各種不同教育理論的價值」。[4]我們可以舉出許多其他的例子，不再贅述。現在大多數人都認爲，由科學角度所提供的研究方法，是教育研究應當效仿的，科學理論所提供的邏輯標準，也是教育理論應該積極遵行的。

　　將教育理論和研究建立在科學研究的基礎上的吸引力是顯而易見的。在過去的幾個世紀科學提供了知識庫以了解自然世界，並且以越來越複雜的方法使環境得到控制，並允許許多一度被認為是無法可解的實際問題得以成功解決。如果教育研究採用了科學的方法，那麼教育領域看似難解的問題就可以克服，並獲得實際的進展。正如科學使得我們可以控制自然世界，它也將使我們能夠控制教育，使之更符合社會及其成員之需要。

　　本章的目的是追溯這種教育研究觀點出現的歷史，描述它的一些主要特點，並審慎評估其主張。這種觀點的出現會從下列方式描述：首先，透過檢索主要論點來強調，科學而不是哲學，應該是教育理論的合法來源；再者，透過在其一般的哲學背景裡來討論這些論點。本章最後以一個關鍵的討論做結論，亦即自然科學觀的教育理論的弱點，以及它如何和實踐做連結。

二、教育理論的基礎：從哲學到科學

　　約在世紀之交，當教育開始成為一門學科，一般都認為，教育理論基本上是哲學的。每個人對此的詮釋因人而異，但共同的是他們都認為，教育理論的任務是藉由過程中的哲學思考，來鼓勵教師全面了解到自己是教育者的角色。教師應具備這種教育理論，因為，作為教育工作者，他們需要一個實質性的「哲學」，用來解釋和支持他們的教育目標和理想追求。李德（L. A. Reid）是這樣解釋的：

> 　　如果我們要明智地教學……在做每一個環節都需要有方向和適切性，要這樣做是需要一種哲學。哲學是熱愛智慧，哲學家是愛好智慧的人，而我們所需要的就是智慧。[5]

從一開始，對教育理論的關注就帶著「智慧」，因此，有必要要求教師放棄其既定對教育信條原有輕率的態度。結果，理論和實踐的關係改變，理論不在於提供知識，以讓知識轉化為教師可以使用的行動準則。相反地，理論的價值源於哲學式的自我反思，此舉有助於改變教師現有的價值觀和信仰。這種教育理論的實際目的，在於將未考慮和未經檢視的思考模式和實踐，轉變成經過深思及反思的思考模式和實踐。與其說教育理論「意指實踐」，不如說是改變實踐者的觀點。

現在，雖然這種哲學方法的正當性，在早期教育理論的教科書中經常闡述，實際發生的情形則有所不同。亞當斯（John Adams）爵士於1928年所描述的情況是這樣的：

> 當這樣的教育開始被體認到……作為一個單獨的研究，以及後來變成大學課程中一門學科，教育講師自然而然就會透過世界文學偉大的名字，來豐富他們讀物書籍的名單。因此，蘇格拉底、柏拉圖和亞里斯多德在一開始就自然而然被檢索使用，最後從他們的作品帶出許多的具獨創性的教育原則。……即使現今，年輕的講師如果想在教育界建立他作為教育工作者的主張，他一樣是要選擇一些知名作家，並以「某某人作為教育工作者」之標題出版一本自己的書籍。[6]

正如這些意見所闡明的，大部分這些早期教育理論書籍和課程，是為了符合可被認可之總體思路模式而產生，描述一些主要的哲學家，他們的「教育意義」意見會被萃取出來。本來，最流行的哲學家是柏拉圖和盧梭，但很快就加入了其他「偉大的名字」，和大型文獻，提供其中心的哲學學說配套的教育意義。[7]

從一開始教育理論的哲學途徑和一些教育實踐的具體實施方式就存在嚴重的不一致。在實踐上，教育理論從未關注發展教師的反思和哲學思考，而只匯總提出其他人哲學思考的結果。教育理論化並沒有以一種獨特

的思維方式讓教師積極參與其中，反而只是被動整理吸取一些過去陳年累積的哲學教條。原先承諾想要採取一種可以讓教育理論有更寬廣或不同的立場來討論基礎教育觀點的途徑，根本從未開始。

不用說，針對這種理論，教師最常見的抱怨是，提供給教師的「教育蘊含」的抽象本質，和他們應用在實際教育現場之間差距甚大。理論原應為實踐提供指引，但是卻總是被看作一個獨立的學術追求，和教育的實踐並沒有任何關聯。因此，各種可能接近教育理論的途徑也就自然而然不受到人們的重視，甚至拋棄。令人驚訝的是，教育理論被拋棄，並不是它未能讓教師有更多的反思和自我批判的態度。相反地，教育理論被拋棄的理由，是它的理論扎根於一個令人困惑且過時的哲學的屬性和範圍。因為，從一個較新的觀點來看，哲學並不像教育理論所假設的，是一種從中可以衍生出實際的教育原理原則的途徑。哲學只是一個分析語言和概念的方法。如果認為哲學可以提供教育目標和價值觀的有效知識，那是一種誤導。

艾爾（A. J. Ayer）在其著名的《語言、真理與邏輯》（*Language, Truth and Logic*）[8]一書中，從方法論點來論述上述哲學範圍的限縮情形。根據艾爾，判斷（sentences）或命題（propositions）是否是有意義和可理解，還是無意義或荒謬的，決定於是否存在合理的程序，來確認或否認它們的真相。然而，唯一對經驗命題（empirical propositions）的有效性進行測試的合理程序，是那些來自於自然科學的，很自然就可以得出。如此一來，不能由實驗證據測試的經驗命題就是沒意義的，或是令人混淆的。

這種現代化哲學觀點的涵義對後來有深遠的影響。不再將哲學看作是一個關心實質性問題的反思活動，解決有關概念的涵義，反而是侷限在那些非實質性的問題分析，將哲學的解釋力變得很有限。[9]此外，因為這種實質性宣稱哲學不再是用來澄清證實的基本觀點，使得哲學就不能當作一種規範。離開其傳統的關注實質性的道德問題，哲學變成是一種價值中立

的分析活動，關注於澄清各種觀點的意涵。正如一位著名教育哲學家赫斯
特（P. H. Hirst）所言：

> 哲學首先關注的是觀點和主張的澄清，透過哲學得以理解我們
> 的經驗和活動。它感興趣的問題，在於回答詞語和語句的涵義，我認
> 為，哲學不再是追求道德知識，而主要是分析性的追求。在我看來是
> 哲學成了知識的附加範圍而已（second-order area of knowledge）。哲
> 學問題不是有關某些特定事實或道德判斷，而是我們所說的事實和我
> 們所說的道德判斷。[10]

　　鑒於這種哲學的觀點，對於傳統教育理論方法有或多或少明顯的影
響。由於這種方法提出一種假設：哲學過去提供了一種方法來回答有關教
育的性質和宗旨的實質性道德問題，但是也因為這樣的假設已被否定，
所以自然而然，哲學在教育理論中的角色就應受到嚴格的限制。此外，由
於沒有適切的準則可以回答教育的性質和宗旨的問題，因此伴隨而來，可
能是這些問題都是偽問題（pseudo-questions），以及教育理論所關注的議
題都因為要配合這些問題而被犧牲。事實上，唯一可以被合理地回答的教
育問題，是那些經得起實證方法檢驗的，這個事實也就建議了，科學知識
應該取代哲學信念，當作教育理論的正確來源。知識和理解應該是建立在
科學實驗上，而不是哲學思考。教育理論關注反思性教學和啓發實踐的觀
點，應該被關注解釋、預測和控制的科學的觀點所取代。

三、教育作為一門應用科學

　　那種認為教育理論應該建立在科學基礎上的觀點並不是什麼新鮮
事。在十九世紀和二十世紀早期一些教育家曾指出，如果教師的思想和信

仰服膺科學探究的批判態度特性，教育就會獲得改進。舉例來說，教育心理學家桑代克（E. L. Thorndike）曾強調，

> 當教育的工作人員能夠遵循科學的方法從事每日的工作，他們的教學專業會將會隨之而逐漸改善進步。[11]

同樣地，杜威曾主張將教育的科學應該是

> 進入教育工作者的心臟、頭部和手部，使得教育功能的表現更獲得啓蒙。[12]

這些早期版本的教育理論科學觀有趣的是，它們保留一些重要的哲學方法的假定。例如：在上述這兩種例子，其理論的價值在於它可以「啓發」老師的想法的能力。在此兩種情形，理論藉由提供了嚴格審查實際教育經驗而涉及到實踐。唯一主要的分歧點與哲學和科學相對的主張有關，即兩者提供的得以完成這項任務的思維模式。在這個意義上來看，教育理論宗旨的基本假定和其實踐的關係，仍或多或少未受到影響。

只是「科學方法」所挑戰的這些假定，實際上開始出現宰制教育理論和研究的行爲和組織。以這種方法，教育理論力求改善實踐，不是藉由提高從業人員的思想，而是透過提供科學知識，其中現有的教育實踐可以被評估，可以產生新的、更有效的做法。在此看來，教育理論是要應用到實踐中的。簡言之，教育理論是要成爲一種「應用科學」。

在此同時，雖然這一「應用」的概念，意味著教育研究要運用自然科學的方法和技術於教育活動之中，但這一解釋很快地被新想法所取代，認爲要應用的是社會科學的概念、理論和方法。然而，有關如何應用特定方法的觀點，卻分歧各有不同。例如：有一些人將教育研究視爲一門跟工程學具有同樣意義的應用科學；其他人則視醫藥爲更合適的模範。

對於那些鼓吹工程學的觀點的人來說，教育研究的任務是制定一個教

育技術，在其中適當的心理知識可以應用到實際教學工作和課堂組織。倡導這一做法最熱心的、最有影響力的人就是斯金納（B. F. Skinner），他和其他行為主義心理學家認為，

> 一個特殊的心理學分支，所謂行為的實驗分析，產生了一套教學技術，從中可以推斷……教學方案、計畫和方法。[13]

這種「教學技術」的觀點是基於承認，操作情境派行為主義的原則是如何提供了在很多教育情境和應用中，學習所需要的科學知識。因此，斯金納的看法是：

> 最近從我們的控制學習過程的進展中，我們建議澈底修訂課堂實踐，很幸運的是，他們告訴我們如何可以引發這些修改。[14]

具體而言，這些修改牽涉到教師應採取一個學習技術人員的角色，並應用操作條件原則來確保有效的學習。正如工程師可能運用空氣動力學理論和原則來實際設計及建立一架飛機，

> 所以在教育中應用操作性原則是簡單和直接的。教學是強化偶發事件的安排，在安排下學生學習……老師安排特殊偶發事件加速學習，加速行為的表現，否則學生會很慢才學習到……。[15]

　　教育理論和研究的觀點認為，行為主義心理學的理論和原則的應用有高度的影響力，也直接導致了教學技術的發展，行為主義的原則也運用到教育和評估上；它們也用來提供科學依據，以建立課程規劃和設計的模式、課程評價和教育管理。

　　對於那些追求教育的形象作為一門和醫藥學一樣的應用科學的人而言，重點不是把心理理論應用到教育情況，而是查明哪些科學宰制這些情形和確定教師可運作範圍的參數的規律。正如醫生必須考慮到生物、化學和生理學定律，因此，有人主張，教育實踐者必須考慮到的合適心理學架

構和教育執行情況的社會學法則。就像醫生用他的人體運作的科學律法知識，來診斷和治療某些疾病，教育理論家也應該能夠用宰制人類和社會發展的科學律法的知識，來識別、診斷和處理教育問題。

以醫療來比喻的話，教育理論和研究有雙重任務。首先是找出教育情況中有哪些是可以套用相關的科學原理原則，使我們知道哪些教育情況可能實現。只有在此類知識基礎上，才能知道哪種教育目的和目標的現實選擇是可以追求的。第二項任務建立在一個事實上，科學規律在任何的教育狀況下能夠有效地運作，是取決於在何種程度上情境條件可以得到滿足。正如控制身體發育的運作條件，當身體得到某種食物和在某種天然環境，可以更順利地運作；同樣地，知識能力發展的運作條件，也是可以獲得支持或是受到阻礙。因此，透過操縱運作條件和規律，預期的效果可以是鼓勵或減小，也就是所謂的受到控制。所以，教育研究的目的，就是要明辨確認所安排的實際情境，符合科學原理原則，才能有利於理想教育目標的達成，同時將任何會妨礙實現這些目標的做法降到最低。

結合了這種觀點的教育理論與方法研究，是功能主義的教育社會學。[16]這個觀點的基本是相信：社會學解釋人類行為的規律，藉由顯示人類行為的規律性是如何由社會法則（social laws）運作所造成，社會法則確保維持社會的秩序和凝聚力。因此，社會被視為一個獨立的實體，透過類似法律的操作流程，以及沒有人為目的的干預，來保持客觀規律。特定機構，如教育，被假定為「有功能的」，在這個意義上，它們之所以存在是為了滿足現實社會所需要的一些功能而存在。因此，教育機構內每個個體，如教師和學生，都要對社會所賦予的角色位置負責，也因此其行動是受了機構「行為規範」的約束，以確保他們完成自己所負責的社會任務。事實上，個人的行動總是被視為受不變的功能律法所控制，超乎個人的控制。

鑑於這種社會學的觀點，教育社會學的首要任務為，確認出這些教育

機構必須承擔一些特定社會責任所需要遵守的法則。當然，影響教育機構的特定「法則」，也就是那些確保價值觀得以傳給世世代代，和確保社會上每個人都分配到和社會、經濟及職業有關的位置。因此，教育的主要功能要求是，第一，將青年培育成具有主流標準和態度，以維護社會穩定；其次，按照分層的複雜網絡安排個人的角色，以維持現有的社會秩序。

　　從實踐角度來看，教育的社會學研究這兩大目的，即「社會化」與「分層」，重點放在社會階層和教育成就之間的關係。然而，這又導致流於社會調查，研究各種教育的選擇機制和社會階級、教育機會等關係，例如智商測驗和國家考試。因此，當「應用」在教育上，這些調查結果用來建議現行將學生社會化和分層的程序要如何改變，以確保社會學的目的功能。在這個意義上說，功能主義教育社會學提供目前已經在教育機構運作的社會機制，以及如何可以進行修改的知識和建議，以便維持社會資源的均衡分配。

　　雖然功能主義社會學和行為主義心理學運用完全不同的方法和技巧，它們顯然有著一些共同的特點。例如：兩者都堅持認為教育理論必須符合科學標準和準則。和自然科學一樣，兩者都認為教育研究的目的是找出類似法律的規律的知識，可應用於教育實踐，以提高其效率。最後，相較於物理和化學，兩者看到的教育理論都是不成熟的科學，仍需要發展及成熟。

　　值得一提的是，在採用這些信念時，教育理論家和研究者只是遵循政治理論、心理學、社會學、經濟學和人類學已經走過的路徑。這些，和其他社會科學學科一樣，全部都經歷過哲學的角色已式微以及一個新的樂觀主義出現的時期，這個時期認為堅實的科學基礎可提供研究人類和社會現象所需，進而讓教育理論達到一些成果。此外，這種拒絕哲學理念，和隨後效忠科學之情形之所以發生，不只是因為哲學觀點有利於這一立場；相反地，自十九世紀前半部以來，根深柢固且普遍性的智力的基調

（intellectual mood）主宰著西方思想，因而產生多樣性且符合科學要求的方法論，以及引用哲學理論來驗證這些方法論的表徵現象。因此，哲學理論的普及支持科學的方法擴展至研究社會現象，本身就是由於學術氛圍的權力主導。卡爾納普（Rudolph Carnap），這位支持哲學理念的主要設計者之一，在他著名的著作*Aufbau*中的序言描述他的哲學理論和普遍的知識觀，是怎麼來相輔相成的：

> 我們的哲學著作建立的態度和目前表現出來智力態度有一種內在的血緣關係，但卻展現完全不同階層的生活，我們覺得這個運動方向……在爭取個人和集體生活有意義的形式，以及教育和一般外部組織有意義的形式。我們覺得我們身邊所有的都有相同的基本方向，同樣的思維和作風，……我們的工作是因為相信這種態度將贏得未來。[17]

卡爾納普所指的「哲學著作」，是一系列的認識論學說，由一組被稱爲維也納學派（Vienna Circle）思想家所產生的。他們的論述和「邏輯實證論」（Logical Positivism）互爲依附關係，維也納學派也支持卡爾納普等人所相信的：這種基本的看法會成爲未來的顯學。這種對事情所持的看法，也是一種「思考風格」，就是現在眾所周知的「實證論」（Positivism），下一段主要的目的就是要澄清和檢視實證主義研究在教育的理論和研究的「思考風格」。

四、實證論的方法來看理論與實踐的問題

實證主義不是一種有系統的教義闡述；相反地，正如卡爾納普所建議，它的名稱通常與一般的哲學觀有關，這個哲學觀在十九世紀後半，在

西方思想成為最強大的知識力量。它的祖先至少可以追溯到培根（Francis Bacon）及十八和十九世紀英國的經驗主義（British Empiricists）。但一開始是法國作家孔德（Auguste Comte），介紹了「實證主義哲學」（positivist philosophy）這個名詞，其本身的著作清楚地體現了實證的態度。孔德之所以選擇「實證」（positive）這個詞，目的是要反對任何形而上學或神學，反對任何在非感官獲取的經驗基礎上可以形成有效的知識。正是這種想要從教條式的確定性解放思想的願望，加上一個樂觀的信念，相信實證的知識可以解決重大現實問題，給了實證一開始的吸引力。然而，由於知識自由和具體改善的承諾未能兌現，所以實證的吸引力已消退。諷刺的是，現在實證主義的吸引力已下降到，這個詞已經成為一個貶抑之詞，剝奪了其原有與思想進步和解放的關聯。因此，發現一個當代作家如此體認並不令人吃驚：

> 這個詞（實證）已成為一種譴責，並如此廣泛和含糊地用來作為批判攻擊的武器……顯然已失去被廣泛接受和作為標準意義的主張。[18]

雖然使用這個詞的方式有很大的差異，「實證論」通常是指一種思考風格，由一些有關知識的性質假設所形成，這些假設中最重要的是科拉科夫斯基（Kolakowski）所謂的「現象論的規則」[19]，**主張有效的知識只能建立在經驗之上**的說法。它聲稱「知識」只能是建立在「真實」上，作為可理解的判斷。遵循現象論的規則有一個主要的意義，即相信：價值判斷是不能被當作有正確價值的知識，因為它們不能建立在實徵經驗知識上。

實證論的原則被以不同方式表達，由實證論衍生之推論也很多樣化。正如前面提到艾爾的著作中提到，實證論的中心企圖對哲學的性質和範圍產生一個更限制的概念。實證論思想還一直影響歷史、神學和道德

研究。然而，當應用到社會科學，實證通常意味著採取兩個密切相關的論點。第一是相信自然科學的**宗旨**、**理念**和**方法**，也適用於社會科學的調查。第二個是相信在自然科學使用的**解釋**模式，提供了合乎邏輯的標準，其中社會科學的解釋能夠得到評估。因此，多數教育理論和研究的實證主義論述者會提倡以自然學科的邏輯和方法論為基礎的研究策略。事實上，在這些論述中一個最有影響力的作者的結論是：

> 就理性活動而言，教育理論的建構與我們在科學中遇到的理論化派典實例具有相同的標準（而且，如果它不是一種理性的活動，這是一種無謂的時間浪費）。[20]

但是，為什麼一定要教育理論受到同樣的標準約束呢？又為什麼教育研究一定要以自然科學的方法為基礎呢？採用科學方法的論點相對簡單。傳統教育理論的哲學方法，因為其非經驗和主觀因素，讓實證的主張很困惑，如形而上學的猜測、意識形態的觀點和價值判斷。結果，他們沒有提供公開的或客觀的標準，依據其標準他們的理論能夠被合理評估。因此，為了將教育理論立足於更合理的基礎上，必須清除形而上學、意識形態和規範性內容，而採取一種更加客觀和系統的立場。這需要摒棄傳統的哲學方法，轉而支持科學的方法。只有科學提供了中立的立場，因為它採用的方法，保證知識不受主觀偏好和個人偏見影響。因為這些方法都一律適用於自然和人文現象，這樣的應用導致教育理論是一種呈現教育現場情境實際發生什麼事情，而不是囿限於某些人認為教育現場應該要發生什麼事情。

對建立這些理論的方法的過程闡述，以及大多數教育研究建立過程的闡述，這些方法現在幾乎是成為正統（orthodoxy），即**假設—演繹**（hypothetico-deductive）論點，由哲學的現代實證主義科學所建議，並由哲學家例如米爾（J. S. Mill）、內格爾（Nagel）和亨佩爾（Hempel）等所

辯護[21]。這個觀點總結其主要論點，即藉由提出科學*假說*來進行研究，最好是用普遍規律的形式，以便可以透過比較其*演繹*的後果與觀察和實驗的結果來評估。通常假設—演繹方法分爲三個步驟，可以示意如下表：

1. 提出假說	所有A都是B	例如：所有的金屬受熱膨脹。
2. 由假說推論	如果所有A都是B，那麼C	例如：如果所有的金屬遇熱膨脹，鐵加熱時會膨脹。
3. 由實驗觀察來評估推論	C或不是C	例如：實驗發現鐵加熱時會還是不會膨脹。

　　這種方法的某些特點值得注意。首先假設必須是會有可觀察的結果。其次，假設如果是眞的，這些結果必須實際發生。第三，即便從假設推導出的預測確實發生，並不能證明假設是眞的，它只能加強了其合理性。但是，如果這一假設演繹的預測不會發生，（如果，鐵加熱時**不會**膨脹）則假設一定被拒絕。

　　假設—演繹法所傳達的實例，知識成立與否必須看觀察和實驗結果，可以作爲區分科學知識和形而上學、規範和意識形態要求的標準。對於這些主張是否可以反映那些造就它們的人的個人動機和偏見，這些問題與以科學的方法評估假設的眞相沒有任何關係。科學不關心假說如何起源或誰提出，只關心假說是如何被驗證。只需要知道實證預測可以從被提出的假說推論，然後平衡中立的事實。形而上學、意識形態和規範的斷言沒有包含演繹的過程，沒有客觀可測性，因此可以反映的是主觀和個人的意見。相對地，科學代表了客觀知識的評估方法，藉由使它們與實際情況對質。用這種方法最主要可以區分科學和非科學、僞科學及意識形態三者的不同。

　　第二個實證觀點主要的爭論是，教育理論必須符合科學解釋的邏輯

要求。雖然內格爾[22]確立了四個主要的科學解釋的模式，最容易理解的類型，亦即教育理論家視為理想的效仿的實證主義模式，內格爾稱之為「演繹法理學模式」（Deductive Nomological model）。這些都是在試圖解釋為什麼有些事件會發生，為什麼有些情況仍然存在，或者為什麼某些物體具有一定的特徵，其方法為透過呈現一些規律、狀況、事件、情況或物體來解釋。在他們眾所周知的文件〈解釋的邏輯〉（The logic of explanation），亨佩爾和奧本海默（Oppenheim）[23]澄清這類解釋邏輯的特性，並確定正式的條件必須符合以便可被接受。其中最重要的這些特點和條件可以訴諸演示假設—演繹科學方法的例子來闡明。這也揭示了科學方法和科學的解釋是密切相關的。

解釋項	一般法則（General Law）（L）	所有金屬遇熱膨脹。
	初始條件（Initial conditions）（C）	此金屬已加熱。
所解釋項事件（E）		此金屬膨脹。

一個科學的解釋可以分為兩部分，*所解釋項*（explanandum）指的是需要解釋的事件，以及*解釋項*（explanans），包含解釋其發生的信息。演繹法則的解釋之所以得其名，是因為它的解釋必須至少包含一個一般法則（General Law）（L），加上一些特定信息的「初始條件」（Initial conditions）（C），演繹帶來的所解釋項事件。一般規律的重要性源於一個事實，即有可能對所解釋項事件的推論，是因為有科學驗證，或至少得到適當證實的假設，其中規定，對於特殊初始條件C型事件發生時，E類型事件也會發生。總之，要解釋某樣的東西是要表明它可以被歸入一條科學規律。因此，演繹法則模型經常被稱為「涵蓋法律」（covering law）模式。

很顯然地，一個演繹—法理的解釋要被接受，它必須至少包含一條

一般規律，其所解釋項必須遵循法則由其解釋項演繹而來。亨佩爾和奧本海默規定的其他條件，要求解釋項必須有**實徵內容**（empirical content），也就是說，它必須能夠透過實驗和觀察的測試。另一個條件是，構成解釋項的假定必須是**真實的**。此外，在一個有效解釋的科學規律不僅必須是真實的，但也必須表達**和其他的經驗現象之間有統一不變的連接**。因此，科學規律表達不受限制的普遍性，且聲稱不管在任何地方或在任何時候都是真實的。總之，它們表示某種形式的「規律必須性」（nomic necessity）。

　　雖然不是全部，但是大多數的演繹解釋（deductive explanation），是探討**因果關係**所必然的。在這種情況下，用來解釋原因的定律法則更需要用一般且非特殊的連結來貫穿一些特殊的事件，因此初始條件中所描述的情況可以用來說明「所解釋項」發生的原因。因此，要確認「因果」，是去確認有一個因果關係的法律，這個法律能呈現一個事件的發生足以引發另一個事件的發生。前述的例子可從下面途徑說明它是一種因果的解釋：

解釋項	因果法則（Causal Law）（L）	熱造成金屬膨脹。
	初始條件（Initial conditions）（C）	此金屬已加熱。
所解釋項事件（E）		此金屬已膨脹。

　　因此，所解釋項事件E是以說明如何由因果法則來解釋，表明一旦C型條件發生，E型事件將隨之發生。最後，除了那些需要充分解釋演繹法則要求，充足的因果關係的解釋必須符合一定的條件。例如：在因果關係中所稱的因果法律必須是**不變與統一的**，換句話說，原因是結果發生時**必要且足夠的條件**。另一個條件是，**時間上而言原因必須發生在影響之前**。

接收亨佩爾—奧本海默的表徵演繹法則的解釋，再加上承認這些往往是因果關係的解釋，導致一些重要的結論，即解釋和預測之間是有關係的。因為，再回到剛才的例子，如果L和初始條件C是狀況是真實的，所解釋項事件E的不知道是已發生的，那麼它的發生**可能**可以由解釋項的推論而預測。但是，如果所解釋項事件E已經發生，就可透過提供一般法律L和初始條件的C可以推論的來解釋。

從這個意義上講，已經發生的事件的適當解釋所提供的知識，可能原則上也可在事件實際發生之前來預測。因此，亨佩爾和奧本海默認為，**事件的解釋和預測是對稱的**。要求充分解釋某些事件就是聲稱能夠預測它。他們寫道：

> ……同樣的正式分析適用於科學預測，以及解釋。它們之間的區別是其實用的性質……任何解釋都是不充分的，除非將它的解釋項及時說明預測一些尚未明朗化的現象。[24]

儘管科學方法的討論和解釋，在教育理論的實證論觀點相當簡短，有關解釋的結構本體和預測應該足以呈現它們和教育理論和實踐的問題相關。由於一個教育過程的科學解釋提供了需要的知識，足以預測其發生，它也提供了實際**控制**的手段。正如科學預測可用於控制自然世界的事件，教育理論也可以用因果規律來預測，並因此控制不同的實際行動過程的成果。查佛斯對教育研究的教科書清楚表明這一立場，他說：

> 在一個針對科學知識組織發展的活動，……揭示行為的法則，可以用來在教育情境中預測和控制事件。[25]

所以，科學理論具有預測的價值才給予它們實務價值，透過奠定操縱教育現況的基礎，科學理論提供機會達到想要達成的教育目標。因此，教育理論之所以引導實務，就是它可以預測一個教育現場的某些角度被修正後的

結果，會產生什麼影響。基於這些預測，就可能透過操作一系列的特定變項，控制項目，使想要的結果可以達成，和不想要的結果可以被去除。實際上，追求解釋和預測的標準科學化理想，教育理論從透過探討解釋和預測等的標準科學理想原則，被當成是一種應用科學，提供了合理教育決定的基礎。

顯而易見地，如果教育決策是建置在科學知識的應用，那整個教育界的爭論與意見不一的情形將會改變。這些將不再被視爲不相容價值的陳述，而是成爲能夠透過合理的證據評估，被客觀解決的技術性問題。就像在醫學或工程界的不合，不被視爲表達衝突的意識形態或主觀立場，因此，在教育界，正確的問題解決方法和決策的方式是應用合理的科學程序。

在此時，將此觀點轉成實務的教育用語可能是有用的觀點。我們通常假設，有關教學方法的爭論起因於教師不同的價值觀和意識形態，又有人進一步假設，這些爭論不可能有最後的結果，因爲它們反映不同的道德、社會、政治的態度，而這些態度就是因爲不相容的價值和立場程序所衍生出來。然而，教育要變成一種應用的科學，這些爭議可以用同樣像是發生在醫學與工程的問題一樣的中立方法來解決。假如科學方法應用到這方面，那麼可以建立有關教學方法的客觀回答，證據將取代意見，個人價值的影響力將被消除。相信教育的應用科學能回答這些問題，這些在此刻仍被視爲有爭議的問題，可清楚在奧康納的主張中看出：

　　説明和解釋教學技術和理論只能被實證科學解決。什麼技術對於教學是最有效的，要由觀察來決定，觀察由可實驗修正，和統計方法的權重處理獲得證據。這樣的問題沒有其他解決方式。教育心理學理論有關於這樣的事件，如學習的性質、動機、智能的性質和分布、孩子的發展等等，都是（或應該是）理論的基礎，在此基礎上特

別的教育技術可被建議和說明。[26]

當然奧康納認為不是所有的教育問題都可透過科學方式解決。奧康納承認有一些涉及非科學成分的教育目的和目標的問題、價值判斷、宗教概念、政治和社會思想，是無法以科學知識來說明或驗證。[27]因此有必要區分教育目的／目標的問題和達成這些目的／目標的最佳方法途徑，這樣的區分就可以和價值和事實做平行的類比。這區辨一旦做出，很明顯可以看出，既然教育目標問題涉及價值，它們必須從科學探究模式中移除。然而，達成目標的最佳方式就是經驗（實證）問題（empirical questions），可以在科學知識的基礎上合理的回答。無論什麼行為價值被選擇，如何將成就最大化就成為問題。「方法」的問題只能被合理的決定，如果可行的行動的結果是已知的。科學能提供這些知識，因為當運用在科學的說明時，科學所產生的因果定律可以預測結果將是如何。就像醫生或工程師在科學知識的基礎上決定什麼藥或什麼建材最適合達成目的，教育理論家也可以提供最有效的方法的知識，應用在想要達成的教育目標。再一次引用奧康納的話：

> 教育像醫學和工程，是一系列的實踐活動，如果我們知道應用在我們要用的材料的自然法則，我們就可以比較清楚如何去實現它們。[28]

再者，雖然這些自然法則自己本身不具有特定的教育目標，但是它們對於教育目標如何被決定出來仍然具有重要啟示。當要建構可實現教育目標時，這些法則會透過參數的選擇，設限了能夠合理追求目標的範圍。正如奧康納所提到的，如果科學可提供「人類不平等的客觀知識」[29]，那麼某些基於平等理想的教育目標就要被捨棄，或者至少重新解釋，以便順應這些科學知識。

科學影響教育目標的選擇和教育價值，不應被最小化。的確，部分

是因爲科學知識的散播，對於可能的追求教育目標的結果的限制有了更實際的看法。再者，因爲有關於教育目標的討論受到科學知識的衝擊影響，過去靠直覺和經驗可以達成的教育目標的看法，現在已經不再有這麼多爭議。爲此，現在主導教育討論的教育問題不再和教育目的有關，而是當代社會接受且視爲合適的最有效方法，這些問題也才是教育應用科學可以解決的。再一次引用奧康納：

> 教育政策通常以最有效方式使用很少的資源──時間、建築物、智能、教學技巧等等。要記住的是，當有些事情被提出來當作教育的進步或改革的建議，這些是為了達到社會可接受目標的方法，提議是經驗事件，至於是成立或否定要看引用對其有利的證據。[30]

採用「應用科學」觀點的教育理論，其主要的意涵是不難去定義的。對於教育研究者，最重要的意涵是認識到有客觀的方法可以解決教育問題，而這些能夠使用科學方法來達到。並且，這些方法可以兩種不同方法來應用。首先，它們能夠用在「純」研究，提供已驗證的理論，這些理論是藉由它們是如何從法理學的陳述中衍生出來，以便解釋教育現象。其次，也需要「應用研究」，這些理論被應用成爲制定教育政策的基礎，設計去增加教育實務的效率。身爲應用科學家，教育研究者就像「社會工程師」，在已建立的科學理論基礎上，推薦制度的和實務的變革。

「純」教育研究者，在追求這些不同的教育任務時，就像自然科學家，透過科學探究追求客觀的知識。因此，對於他們發現的能夠或應該如何影響教育實務的決策，他們保持超然的立場。但是「應用」的教育研究者，儘管他們的活動的可能依靠教育目標的規範，也一樣對教育的價值保持客觀。應用研究者的任務是，在一個教育目的的架構下，針對科學問題提供答案。做這些事時，應用研究者可以提出政策給教育機構，來試著改善達成這些教育目標的方法，或者可以針對現存政策公開宣布的目標，科

學化地評估其結果。但無論在哪一種情況下，應用研究者都不決定何者爲想要的教育目標。就像建築師不能決定建築物是否被興建，只有如何建立。因此應用教育研究者的角色被侷限，針對已被同意的教育目標，決定最好的方法去完成。應用教育者的「社會工程學」仍像是一種「純」研究，是一種不帶評價的活動。

對一個教師而言，教育理論的科學觀點的涵義是什麼？首先，純的和應用教育研究都要求相當多的科學專業能力，意味著唯有具備這些專業能力的人才能決策有關教育政策和實務的問題。教師雖然被期望基於科學性知識採用和執行教育決策，卻不能參與決策的過程，就像醫生不可能允許病人甚或護士決定如何治療某些疾病，所以，教育理論學者不需要爲了決定教育問題如何解決而和教師合作。簡單地說，教師是被動的符合教育理論家和研究者的實務建議，教師自己也不認爲自己要爲教育決定和判斷負專業的責任，他們認爲自己的責任只要有效執行教育理論者經過嚴密有系統的知識所提出的決策來改善教育實務即可。

五、對實證論的批判

粗略瀏覽相關的理論文獻，立即顯示近來實證主義遭受嚴厲的審議和辯論。[31]雖然不可能考慮到所有反對實證主義的論述，有一些特別和教育理論有關的自然科學觀點，值得提出來討論。簡要分類，這些反對意見大致分爲兩群。有一群是源自於一般（general）的科學哲學領域。另一些則具體反對實證主義者在處理理論與實務關係的觀點。

科學的實證觀點

對於實證主義最有影響力的挑戰有一些來自一套論證的方式，是源自

於歷史分析科學進步的本質。根據這些論證，實證主義者對知識、客觀和眞實的概念，規定了進行研究的理想，那是與科學的歷史不相容的，也因此是不切實際和不相關的。仔細檢視科學如何發展，顯示出主觀和社會因子在產生知識上扮演關鍵性的角色。實際上，這些因子的意義在於，知識在心理學和社會學的語言形式，比單純的邏輯和方法學的語言形式更能夠被精準地了解。並且，一旦以這個方法來理解，很明顯實證概念的主觀知識只不過是一個神話。持這觀點論述最具影響力的是庫恩（Thomas Kuhn, 1970），在《科學革命的架構》（*The Structure of Scientific Revolutions*）一書中，庫恩的基礎論點可用以下的方式做總結。

在傳統的實證主義架構下，它假設科學知識是持續累積和成長的狀態。當更多領域被探索，舊的領域被更加詳細、更準確地觀察，以及進行更複雜的實驗，所以新的概念和理論就形成了，新的類一定律被發現了，一批眞實的、有效的知識便成長了。對庫恩而言，這種觀點是沒有條理的，他認爲，解釋科學知識發展的一種比較實際的方式，是視其爲一連串支配性的派典轉移和更替的革命。

庫恩認爲，通常這個過程一開始是爲了要解決某些特別範圍的問題，或針對某一領域要發展某一理論的主體知識而產生。在這個階段，對被探索的問題的陳述是混亂及多樣性的。早期研究也不是建構在有條理的方法論上。當這些投入在這個活動的人形成了一個社會群體，並信仰某一個單獨的派典時，這個「前科學」時期才告結束。所謂派典就是透過這個研究社群的運作，並產生某個特別的對眞實的詮釋來體現特別的概念架構。它融合了研究模式、標準、探索規則和一套技術和方法，以確保這個社群所產生的任何理論知識，都符合這個派典支持的眞實的觀點。從派典內產生的理論被庫恩稱爲正常科學（normal science），通常是爲了解決困惑——這些困惑通常由主導的派典界定，並可由此派典解決。在企圖解決困惑時，研究者最終將遇到困難，那些無法解決的困惑，在派典內

就變成異常的現象（anomalies），當累積了足夠的異常，就會發展出危機（crisis），這個研究群體會開始偏離「正常的」科學，並對現存的派典表達不滿。研究者開始失去他們的信念，然後基本問題的爭論就會開始。之後就會求助於哲學，然後就衍生了其他的派典。當現存的派典被推翻或放棄，而新的派典吸引新的擁護者和研究社群的參加和支持時，這個危機才算被處理解決。派典的轉移（paradigm shift）不是基於其他競爭對手任何系統的、邏輯的或理性的評價，也不是基於證據和任何理性。相反地，是由研究社群的轉換而帶來的科學革命。不需多說，當這樣的科學革命發生時，一定會涉及到基本的研究行為的變革，整個研究的本質和範圍也被視為不同，不只是一般科學和它所附帶的任何問題或議題在改變，包含研究社群對現況（reality）的詮釋，以及對知識、理論和真實等概念的定義也在改變。

　　庫恩的論證有很多而且複雜的隱喻，其中四個值得在此提出。首先，派典以特別的方法建構觀察，觀察總是本著源自派典預先假設的概念和理論。簡而言之，觀察是依據理論才產生。第一眼看來，有關觀察取決於理論的論證，是純粹理論上的，它們實際的影響並不是不重要的。例如：假如實證主義者區分理論和觀察是站不住腳的，假如觀察確實是孕育自理論，那理論的進步就不受中立的觀察的約束。然而，根本的、創造的和想像的理論發展提供了一項製造可能性，可以創造基本的、創造的和想像的觀察。這類的理論發展不是取決於反對某些事件的觀察，而偏好其他事件的觀察；相反地，基礎理論的創新可以被視為一種企圖改變對同樣事件傳統的觀察，藉由挑戰現存的觀察的充分性。實證主義接受中立的觀察成為安全的基礎，因為從之可取得客觀的知識，因此自己被侷限在已存在的這個理論架構的預設裡。結果，這些透過實證研究發現的知識有效的強化了運作中的理論觀點；換句話說，這種保守的工作就像絕緣一樣將理論現狀與批判和拒絕隔離開來。

　　其次，如果如庫恩的論點所述，從一個派典轉到另一個派典的改變是一種轉換，那麼就反映出認同一個新的觀念和信念。結果，就沒有公正的方式來展示一個派典優於另一個派典。知識和經驗，不只是提供一個理性的基礎，以特別的方式來陳述真實，而是這種認同的投射。正是因為沒有中立的標準，來決定是否哪一個派典比其他方法提供較好的方式，來產生正確性的知識，依據庫恩的陳述，它們是無法相比的。庫恩說，派典的選擇是在不相容的群體模式中作選擇，沒有哪一種標準超過其他相關群體。如果這是真的，那麼知識就不是如實證主義者提議的，是客觀的、普遍性的、價值中立的「冷漠的」研究者的產物；相反地，知識是主觀的、受到背景脈絡的限制的、規範的，而且一向都是政治的。

　　第三個效應是吸引大家注意到一個事實，即研究是一種在社會群體中進行的活動，以及這個群體組織的方式對知識的產生有其重要性。這種研究的社會層面有兩種特色值得強調，首先，任何研究追求的派典提供了研究進行思考的方式。因此，談到科學研究者，就是談到一群個人，其行為大部分受到那個研究社群對其成員的期望所控制，期望則由控制那個派典的態度、信念和價值來判斷。其次，雖然任何派典包含的理論架構可能需要系統化介紹派典的理念、方法論和研究技巧，這並不能改變事實，即派典是一種預設的、固定的思考方式，藉由一個開始的過程，由世世代代的研究者傳遞下來，因此，派典是繼承的思考模式，且大都是由不反省的方式獲得。

　　最後，派典是透過一整套的信念、價值觀和假設來告知。這些從未在研究所產生的理論中明確地表達出來，但它們卻構成了研究人員的看法並塑造了他們後來的理論化。他們參與關於研究問題如何被建構、對於解決方案認為什麼樣的知識是適當的，以及如何獲得這些知識的決定。因此，從這個意義上說，理論總是受到研究團體的信念和價值觀的「感染」，也始終是社會的產物。

　　雖然這些挑戰對正統的實證主義哲學的效應仍然不明，但它們對教育的應用科學的衝擊卻已明顯。首先，他們嚴重低估了教育的科學觀點的最低訴求，即不論採用何種理論，有些事實都是中立的，教育科學理論家訴諸的事實不是某些確定無疑的、給予的事實，而是依賴於運作的理論。「事實」總是受到先前的假設與信念所影響來詮釋，繼而，如果理論被事實削弱（即他們預設在理論協調下的實證內容大於觀察體），那麼科學家的活動就無法參照實證主義者建議的科學的形象（image）來理解。依照另一種庫恩的說法，科學只是好像有個客觀活動的樣貌，因為大部分意識和規範的衝突都被研究者壓制下來，因為他們效忠某強勢的派典；這種效忠才能促進科學研究的進行。但是，派典本身當然不是客觀的；反之，派典預設了特殊的看世界的方式，其中參雜了意識的喜好和規範的假設。因此，事實的特殊概念要經得起實證及因果理論的考驗，這些是科學家用以探索及解釋事實的依據。

　　但假如上面派典的假設和信念，如庫恩所提，是強加在科學社群的話，那麼科學本身也就像一種意識形態，而支持科學教育研究的原始論證就會瓦解，因為，原本實證主義的訴求就是將教育理論由價值衝突和意識偏見中解救出來，結果實證主義自己又跳進同樣模式，將科學派典的價值與意識形態強行灌輸給教育研究者。只是現在的「科學」就變成很像那些充滿價值的教育哲學，那些他們一開始想要取代的東西。科學就和傳統哲學變成沒有兩樣，兩者都規定了整體的概念結構，以便可以用來適當理解及引導實務。簡單地說，教育哲學和科學的派典都試著規定某些看事情的角度，設定了哪些才算是教育或科學的實踐。

　　傳統的哲學和教育理論及科學取向的差別不在於，科學規避那些會影響哲學的規範和意識形態的衝突；相對地，哲學取向關注的是明白地批判討論不同看待世界的方法的可信度，科學的取向則是確定這種考量是隱蔽、無形且無庸質疑的。但是這樣做的結果，教育的科學取向並未能消除

規範的和哲學的議題，它們只是避免非經批判地遵守那些牢牢支配他們看世界的哲學成見，這個成見是支配著整個科學社群的。

理論與實踐的實證論觀點

　　實證論觀點對理論與實際的看法，在於深信教育現場有可能產生科學的解釋，然後可以用來對可能的行動方針做出客觀的決策。既然解決的方式一定會牽涉到價值，所以解決的過程無法完全科學化，因此能夠用最有效的方法來獲得結果仍然是實徵性的問題。因此，雖然科學的教育研究者並不一定有能力選擇教育目標，但大都有能力推薦教育政策，而這些政策對於教育目標的達成有很大的作用。

　　不幸地，教育決策被區分成牽涉到方法（means）的工具性問題和牽涉到目標（ends）的價值性問題，是不連貫的。再者，將教育的理論和實際連結到事實與價值的區分，總是讓某些研究者訴諸一些有價值取向的考量，這卻是最初想要消除的。[32]有很多的爭論支持這樣的結論，有一些說明教育的手段或方法本身就隱含一種價值；有些則論證實證主義觀點的理論與實際之下的現存教育的安排即隱含了價值，而且對任何激進的嘗試要改變現有的教育目標有一種潛在的反抗。

　　教育方法總是充滿價值的明顯的理由之一是，它們總是加入了對他人的態度，因此無法只以工具價值來評估。例如：在教育的脈絡中，教學效率總是預設了一個道德的約束（有效率的是好的教育），因此，要被視為有效的方法就一定要考慮到允許的方法。例如：教育理論顯示，最有效率的教學就是洗腦方式的教學，這個方法會被抵制，不是因為它們沒效率，而是這種方法本身具有不被接受的道德標準。這也許是比較極端的例子，但並不違反大致的原則。又例如：在學生有效率分組的這個教學問題上，教育科學家可能會建議最有效率的是依照智力測驗分數分組，但這違反了教育機會公平性，所以科學家可能又建議都不要分組，但這也限制了父母

決定他們孩子受教育的自由。於是，不論有些教育決策看起來是如何中立，都包含了某些道德的考量。考量任何不同教育手段的價值時，總是會接觸到道德層面的問題，以及工具的問題。

除了考量所有的教育決策都牽涉到道德層面，尚有其他反對實證主義理論和實踐觀點的，是衍生自教育目標特殊性質的問題。如教育哲學家所念茲在茲的：教育目的並不是以某些我們想要的美好狀況的描寫，來作為標準而已，還包括了必須標明哪些價值是教育手段必須符合的。彼得（R. S. Peters）的論點就很值得一提：

> 　　講到教育的目標，對於教育是什麼有很多概念上的誤解，如教育並不是標出特別過程的概念，而是建議過程必須符合的標準，其中之一就是有價值的應該要傳承下去。然而這些並不能建構成教育要引出的意義，或者教育應該建構的價值。就好比說改革是要讓一個人變得更好一樣，要讓一個人變得更好並不是改革外加的目的，而是改革之所以稱為改革的標準。相同的道理，教育必要的特質常被獨立出來成為外在目標，人們會以為教育是為了這些外在目標才有意義，然而有意義是教育內含的要求。那些教育的工具模式針對想要的必備特質，提供了一個誇張的描述，即目的的價值是由過程所引出。[33]

教學過程是工具手段，但教育目的並不是教育的終點產物，它們是特殊價值的表達，包含了教育被賦予的特質，可以用手段來達成的。以創造性思考、批判意識或理性自主為教育目的，並不是將教與學作為工具手段來達到這些被賦予的價值目的。相反地，是要討論某種價值或是彼得所說的程序的原則（principles of procedure），所以不管用了什麼手段，都可以用來證明教育價值。從這角度來看，教育的目的是**教育**手段的組成成分。舉例來說，如果批判性思考是教育目的，是要表達主導這種教育手段的程序原則，也就是說，假設被動的、死記知識或類似的教學方法會阻礙

批判性思考，就不是適合的教育手段，不是說被動的、死記知識的教學方法沒有效，而是說這些方式並不符合批判性思考這個教育目的的價值。事實上，假如任何建議的教學方法並不符合教育目的之標準，那根本也就沒有有效與否的問題了，因為這樣的手段是無法達成目的。

　　提到教育方法與教育目的之關係，實證主義者對理論與實際的觀點無法明確區分目標、政策和實踐是如何密切相關的，尤其是，認為價值的問題只與教育目的有關，就忽略教育目標和其達到目標的方法之間的特殊關係。教育目標是什麼？如何用最有效的方法達成？這些問題和價值並非毫無關係的平行線，因為教育目的決定什麼有效的**教育**方法會被採用，而實際假設的範圍可能會限制哪些才能成為最有效的教育方法。要超越這個限制，不是簡單地用不成熟的教育概念來運作就可以，也忽略掉一個事實，即教育方法的決策總是反映出教育的價值，如果試著移除這些價值，而只考慮手段和方法的問題，結果就變成根本不是教育研究的方法了。

　　另外一個批判實證主義關注的焦點在於，實證主義宣稱提供了引導教育實踐的方法，卻並不支持其研究的教育現況的價值取向，這些批評源自一個事實，因為他們以自然科學家研究自然現象的方式來研究教育現狀，科學研究無可避免假設，這些狀況都根據一組規範人類行為的普遍法則在運作。再者，這些法則不受個人目的和行動的影響，因此唯一可以影響實踐的方式是找出這些法則，並據此來操控教育現況。[34]這也就暗示，教育研究運作的方式是，假設那些受到這些法則主宰的教育現狀的層面是超乎控制的，因此，任何研究支持的建議都必須接受，某些基本教育的特質是無法更動的。但如果將這些基本特質視為自然體（natural entities），這種研究永遠都會偏向普遍性的教育安排，它的理論也會為了支持現狀而架構。

　　當然，實證主義者在找尋這些法則的成果不是很令人滿意，另外，可以用來預測教育或控制教育狀況的實證理論也幾乎不存在。考慮到這些情

形，有些研究者開始將重心轉而研究影響教育現況實踐困難的複雜因素；其他的研究者則指出，社會科學的發展仍屬起步階段，需保持更大的耐心。然而，最近有些研究者開始爭論，這種研究會失敗是因爲採用實證主義認識論的必然結果，以及誤信自然科學的方法可以適用於人類和社會科學的現象。他們認爲，教育研究者，尤其想了解教育，就一定不能複製自然科學表象的特質，而必須認清，自然科學與社會科學在目的與方法上都有根本上的不同。教育研究的獨特性在於使用了一種方法學，讓個人得以詮釋他們自己的行爲，以及他們所處的環境。這樣不同的社會科學的觀點傾向於描述和詮釋，而不是解釋和預測，下章將有詳細的討論。

延伸閱讀

　　斯金納的《教學技術》（*Technology of Teaching*）一書仍然是說明教育理論作爲應用自然科學的主要著作之一。奧康納的《教育哲學導論》第一至三章提供了對哲學的實證論述，而同一本書的第四章和第五章，以及他的文章〈教育理論的性質和範圍〉，爲教育理論的科學觀點提供了最有影響力的哲學原理。

　　科拉科夫斯基的《實證主義哲學》可能是對多種形式的實證主義最好的批判性概述的一本書。對社會科學的實證主義方法進行良好的批判性考察，可在布萊恩・費伊（Brian Fay）的《社會理論與政治實踐》第一章和第二章中找到；以及伯恩斯坦（R. J. Bernstein）的《社會和政治理論重構》第二部分。

　　對實證主義科學觀最有影響的批評是波普爾（Popper）的《猜想與反駁》；費耶阿本德（Feyerabend）的《反對方法：無政府主義知識論概述》；和庫恩的《科學革命的結構》。對於所有這些作家的思想的一個很

好的總結，請參閱馬克斯・查爾斯沃思（Max Charlersworth）的《科學、非科學和偽科學》。

　　為了說明教育理論中「手段—目的」和「事實—價值」區別是不恰當的，詳細的哲學論據可以在彼得的"Must an educator have an aim?"和Hugh Sockett的"Curriculum planning: Take a means to an end"這二篇論文，這兩篇都在彼得所編輯的《教育哲學》（*The Philosophy of Education*）書中。

註　釋

1 LOVELL, K., and LAWSON, K.S. (1970), *Understanding Research in Education,* London, University of London Press, p. 24.

2 TRAVERS, R.M.W. (1969), *An Introduction to Educational Research,* London, Macmillan, p. 16.

3 ARY, D. *et al.,* (1972), *Introduction to Research in Education,* Holt, Rinehart and Winston, p. 21.

4 O'CONNOR, D.J. (1957), *An Introduction to the Philosophy of Education,* London, Routledge and Kegan Paul, p. 76.

5 REID, L.A. (1962), *Philosophy and Education,* London, Heinemann, p. 4.

6 ADAMS, J. (1928), *Educational Theories,* London, Ernest Benn, p. 32.

7 有關此類型使用最廣泛之教科書的範例，請參閱RUSK, R.R. (1979), *Doctrines of the Great Educators,* New York, St. Martin's Press.

8 AYER, A.J. (1946), *Language, Truth and Logic,* New York, Dover Publications.

9 同前註，p. 78。

10 HIRST, P.H. (1974), *Knowledge and the Curriculum,* London, Routledge and Kegan Paul, pp. 1-2.

11 JONICICH, G.M. (Ed.) (1962), *Psychology and the Science of Education: Selected*

Writings of Edward L.Thorndike, New York, Teachers College Columbia University Press, p. 63.

12 引自CRONBACH, L.J., and SUPPES, P. (1969), *Research for Tomorrow's Schools,* London, Macmillan.

13 SKINNER, B.F. (1968), *The Technology of Teaching,* Prentice Hall, New York, p. 59.

14 同前註，p. 19。

15 同前註，pp. 65-6。

16 參見BANKS, O. (1976), *The Sociology of Education,* New York, Schoken Books.

17 CARNAP, R. (1967), *The Logical Stucture of the World,* tr. GEORGE, R.A. University of California Press, p. ix.

18 GIDDENS, A. (1974), *Positivism and Sociology,* London, Heinemann, p. i. 19 KOLAKOWSKI, L. (1972), *Positivist Philosophy,* Harmondsworth, Middlesex, Penguin, pp. 11-12.

20 O'CONNOR, D.J. (1973), 'The nature and scope of educational theory' in LANGFORD, G. and O'CONNOR, D.J. (Eds.) *New Essays in the Philosophy of Education,* London, Routledge and Kegan Paul, p. 64.

21 參見MILL, J.S. (1963), *Collected Works,* Toronto, University of Toronto Press; NAGEL, E. (1961), *The Structure of Science,* London, Harcourt Brace Jovanovich; HEMPEL, C.G. (1966), *Philosophy of Natural Science,* Englewood Cliffs, NJ, Prentice Hall.

22 NAGEL, E. (1961), *The Structure of Science,* London, Harcourt Brace Jovanovich.

23 HEMPEL, C.G. and OPPENHEIM, P. (1948), 'The logic of explanation', *Philosophy of Science,* vol. 15, no. 2, April, pp. 135-74.

24 同前註。

25 TRAVERS, R.M.W. (1969), *An Introduction to Educational Research,* London, Macmillan, p. 16.

26 O'CONNOR, D.J. (1957), *op. cit.,* p. 5.

27 O'CONNOR, D.J. (1973), *op. cit.,* p. 48.

28 O'CONNOR, D.J. (1957), *op. cit.,* p. 48.

29 O'CONNOR, D.J. (1973), *op. cit.,* p. 63

30 O'CONNOR, D.J. (1957), *op. cit.,* p. 54.

31 參見POPPER, K.R. (1963), *Conjectures and Refutations,* London, Routledge and Kegan Paul; FEYERABEND, P.K. (1975), *Against Method,* London, New Left Books; HANSON, N.R. (1958), *Patterns of Discovery,* Cambridge, Cambridge University Press.

32 特別參見SOCKETT, H., (1973), 'Curriculum planning: taking a means to an end', in PETERS, R.S. (Ed.) *The Philosophy of Education,* London, Oxford University Press, pp. 150-60.

33 PETERS, R.S. (1965), 'Education as initiation' in ARCHAMBAULT, R.D. *Philosophical Analysis and Education,* London, Routledge and Kegan Paul, p. 92.

34 請注意在這種表述中使用「教育實踐」一詞。從這些研究人員的看法來看，「實踐」是一種普遍存在的、廣泛存在的和一般性的──就像一種「氣壓」這樣的「現象」。這種抽象和脫離情境的實踐觀使得它可以透過「科學」方法進行研究。這樣對「實踐」一詞的使用，完全剝奪了亞里斯多德的內涵和聯繫，這種內涵和聯繫將實踐確定為實踐：根據某些特定情況和問題，從某些特定承諾中產生的知情行動。

第三章

詮釋觀點的教育理論與實踐

一、前　言

　　實證取向之教育理論與研究建立於雙重假設，只有科學取向才能確保
教育問題的合理解決方案，以及只有教育方式的工具性問題才能得到科學
的解決方案。因為許多批判的砲火針對這兩個假設，目前已有一個認識，
對於建立在實證原則的教育研究並沒有真正與過去所假設的非意識形態
活動的形象一致。因此，實證取向教育研究受到挑戰，新的認識論已被發
現。最近，教育心理學、課程理論與教育行政，都已探索其他研究方法論
的可能，以更合宜的方式建構它們的活動。

　　目前為止最受歡迎的探索範疇，主要是源自「詮釋的」社會探究傳
統的方法論，它們試圖用詮釋概念的理解、意義和行動取代科學概念的解
釋、預測和控制。本章的第一要務在於描述建立在教育社會學衍生出來社
會現象學的一個「詮釋的」取向；其次，提出這個發展在社會科學詮釋取
向的一般性討論背景；第三目的在檢視教育理論和教育實踐關係的詮釋觀
點；最後，本章提出詮釋取向教育理論的優缺點的批判評論，且扼要討論
它所支撐的教學觀點。

二、由功能論到現象學的教育社會學

直到1960年代末期，一般同意「功能論」提供教育的社會學研究最合宜的架構。如第二章所述，教育理論的實證特色，在作爲自我調節機制社會眞實的觀點，以及提供價值中立解釋的關注是淸晰可見的。實證主義取向在人類行爲的功能主義形象中也是顯而易見的，這種形象是由超出個人控制範圍的非人的律法所決定的。

部分因爲這些內在的實證主義，對於功能論價值的共識破裂了，教育社會學採取一個「新的方向」，接受一個激進不同的立場。這種新的取向的主要表現形式出現在楊麥可（Michael F. D. Young）1971年所編輯出版的*Knowledge and Control*一書。[1]書中文章承認功能論持續的失敗，對教育的社會學研究所依據的實證假設提出質疑。爲了克服這些不足，教育社會學的「新方向」贊同對「詮釋的」取向的偏好，這種方法主要來自舒茲（Alfred Schutz）[2]的社會現象學，以及伯格（Berger）與盧克曼（Luckman）的知識社會學[3]。這個「新社會學」提出，社會不是透過其成員外在因素所維持的「獨立的系統」。相反地，社會眞實的關鍵特色是，它擁有一個由其個別成員經由日常詮釋活動所建構起且維持住的**內在的意義結構**。社會的「客觀」特徵不是某些個人在某種程度上受限的獨立眞實。相反地，社會具有一定程度的客觀性，因爲社會行動者在詮釋他們的社會世界的過程中，將其外在化和客觀化。社會是唯一「眞實」且「客觀」，如其成員所界定，且朝此定義的眞實前進。

由此可見，將社會秩序視爲社會的一個特徵，不僅表明非法的「具體化」（將感知模式視爲客觀眞實），而且也無法解釋這種秩序是如何經由社會行動者日常的詮釋而產生和不斷重申的。因此，社會學研究必須更加關注社會秩序是如何經由揭示其成員構成和重組的意義網絡所產生。因

此，在教育領域，探究應著重於理解產生特定教育眞實，並使其「被視爲
理所當然」的社會過程。特別是要朝向「什麼被算進來是知識」是「可疑
的」方向，以促進研究在學校中知識之社會組成、傳遞及評估的方式。

　　凱迪（Keddie）研究「課堂知識」在學校被界定及組成的方式，已經
成爲「詮釋的」教育研究的「經典」範例。[4]凱迪的研究目的是檢視教師
對於其學生的「所知」，以及這些「知識」如何與課程知識組成相關聯。
事實上，藉由視「知識」及「能力」爲社會建構的組成概念，凱迪試圖展
示知識及能力如何應用在詮釋學生的行爲，以及所組成的提供給學生的
知識。

　　另一個「詮釋的」取向教育研究的例子是西科瑞爾（Cicourel）和柯
薩司（Kitsuse）的學校組織實踐的先驅調查。[5]在更傳統的教育研究中，
「學校組織」通常被視爲一個正式的結構規範，導引其成員活動及活動目
標。但是西科瑞爾和柯薩司並不認爲組織是「眞實的事物」，反而提出組
織爲什麼是這樣被經驗的疑問。他們認爲，一旦正式組織「客觀眞實」的
信念被拋棄，學校所運作的組織規則，可以被視爲教師和行政人員每日決
策實踐持續被認肯的結果。

　　凱迪、西科瑞爾和柯薩司的研究共同點是，拒絕接受教育機構是給定
的有序的特色，以及如何產生和維持這種秩序的研究觀點。他們的研究方
法論不是使用強加秩序或者視教師的詮釋爲眞實，因而探究可以天眞地被
討論。他們都關注教師如何表現出「客觀性」，而教師的客觀性可以經由
深入調查其產生的社會活動而來。因此，他們的研究開啓「詮釋」立場社
會眞實的概念，而社會眞實僅能藉由了解個人的主觀意義來理解。下一節
將關注這個取向的一般特點。

三、社會科學的詮釋取向

　　社會思想史上最重要的爭議之一，在於人們對自己行動以及和社會科學的目的之間的關係的理解。[6]有些人指出社會科學必須接受自然科學的目標與方法，他們認爲日常生活的理解只是尋求可驗證的假設及一般規律的起點。然而其他人卻認爲，既然社會生活是這些日常理解的產物，社會科學必須以「詮釋」而不是科學的解釋爲目標。

　　這種社會科學本質的「詮釋的」觀點有著悠久的歷史。它由十七世紀新教神學研究者首先闡述出來，他們想要發展一個方法可以顯示，如何在沒有任何基督教會解釋的介入的情況下，可以經由閱讀文本直接理解聖經的意義。這種詮釋意義的技巧稱之爲「詮釋學」（hermeneutics）。在十八世紀時，不僅被使用來詮釋聖經經文，同時也詮釋文學、藝術及音樂作品。十九世紀法理學和語言學也採用了「詮釋學」方法，「詮釋理解」成爲德語歷史學家關於歷史本質的重要方法論討論的核心概念。然而，直到十九世紀末和二十世紀初期（當英國及其他地方社會科學實證取向搖擺不定時），後起之德國社會理論學者譬如：狄爾泰（Dilthey）、里克特（Rickert）、齊美爾（Simmel）及韋伯（Weber），試圖擴展詮釋學詮釋概念，並闡述爲社會科學另一個認識論基礎。

　　直到最近，社會科學「詮釋理解」之理論及方法論的反思，主要侷限於德國。然而對於英語世界實證主義的知識概念的批判越來越多，「詮釋」的替代方案開始引起廣泛的支持。如上一章所述，作爲社會科學研究典範的功能論，在1960和1970年代受到嚴厲的批判，取而代之的是「詮釋的傳統」的典範。[7]相似地，課程研究及評鑑的行爲主義者典範也讓位給詮釋爲主的「啓發式」觀點。[8]此外，「新維特根斯坦」（neo-Wittgensteinian）分析哲學的最新發展提出了對行動、語言及社會生活的

描述，削弱了實證主義的敘述，更提供了如何解釋和理解社會現象的詮釋
觀點的邏輯支持。[9]

　　「詮釋的社會科學」的概念是一個包含各種立場的通用術語。它也可
以由德國詮釋學到英國的分析哲學不同的來源得到解釋。可能最明確表達
詮釋觀點的是韋伯著名的社會學定義：

> 　　社會學……是一門試圖詮釋理解社會行動的科學。「行動」指
> 當行動個人對其行動有主觀意義的所有人類的行為。在這個意義上的
> 行動可以是公開的，也可以是純粹內心的或者是主觀的；可能包含
> 積極干預一個情境，或者考慮避開這種干預，或者被動地默許該情
> 況。行動是社會的，藉助於行動者（或個人）所附帶的主觀意義，它
> 考慮他人的行為，朝向其過程。[10]

韋伯的定義中的關鍵要素很容易識別，他主張社會科學關心的是社會行動
的「詮釋的理解」，而且行動最重要的特徵是它的「主觀意義」。但是
「主觀意義」意味什麼，爲什麼「詮釋的理解」在社會科學中如此重要？

　　「主觀意義」的概念與區別人類行動和行爲有關，行爲指公開的身體
的動作。區別的重要性唯有在意識到客觀的行爲只有在被加上詮釋類別的
情況下才能立即顯現。譬如，「金屬遇熱膨脹」反映了加熱的金屬的行爲
賦予科學家因果解釋意義的方式，並不是金屬如何詮釋自己的行爲。

　　然而人類行爲，主要包含他們的行動，以及一個對於履行行動者有意
義，經由參考行動者所加上的意義，且他人可理解的獨特的行動樣貌。[11]
因此觀察一個人的行動，不是僅僅針對行動者公開的身體動作做紀錄。它
還需要觀察者詮釋行動者所賦予其行爲的意義。因此一種可觀察的行爲
可以構成一系列的行動。艾爾以舉起且喝一杯酒的描述來示範這個詮釋的
觀點：

> 　　……一個自我放縱的行動，一個有禮貌的表現，一個忠誠的公

開聲明，一個失望的姿勢，一個自殺的企圖，一個信仰的溝通……[12]

因此行動無法如自然物體一樣被觀察。它只能依據行動者的動機、意圖及目的被詮釋。正確地識別這些動機與意圖，就需掌握行動者行動的「主觀意義」。

另一種說法是，說所有行動描述都必須包含一個詮釋元素。譬如說描述一個人在教學，不是僅描述可觀察到的行為。所觀察到的可能是這個人正在烤蛋糕、倒立、讀一本書、彈琴，或對一個孩子說話。允許將這些行為中任何行為詮釋為教學，是因為對特定「主觀意義」的識別，根據這個主觀意義，這些行動的人們知道他們在做什麼。行動和多數對象的行為不一樣，永遠包含行動者的詮釋，因此只能掌握行動者所賦予其行動的意義才能被理解。「詮釋的」社會科學的任務是發現這些意義，讓行動被理解。

對於人類行動是有意義的說法，不僅包含個人的意識意圖，且包含理解讓這些意圖有意義的社會背景。行動不能是私密的，一個行動可以被識別是行動，涉及使用一致的規則，即兩個行動被相信是一樣的。這樣的規則必須是公開的，不然無法區別正確的行動或錯誤的行動。而這種詮釋規則的「公共」特徵意味著，只有在某種被公認為正確的描述下才能正確地識別行動。因此，描述一個人在「教學」就是隱含訴諸在特定社會中有效的規則背景，它指明了什麼是教學。實際上，它們構成了教學的可能性。

這種行動的社會特徵，意味著行動起源於經由過去的歷史和現在的社會秩序所賦予個人的意義網絡，並以某種方式構建他們對「真實」的詮釋。在這個意義上，個人行動的意義由他們的「生活形式」預先決定。因為這個原因，「詮釋的」社會科學的另一個任務是要去揭露一套給予特定社會活動看法的社會規則，從而剖明可理解的結構，解釋為什麼被觀察到的行為是有意義的。

如果以這種方式考慮人類行動，那麼明顯地任何試圖解釋行動有如自然科學解釋自然物體行為，就剝奪了它們的預期意義，代以實證主義概念解釋的那種因果詮釋。當這種情況發生時，有意義的行動被簡化為行為模式，就如膨脹的金屬一樣，被認為是因外在力量所決定，因此它們可以適應傳統的科學解釋。經由實證主義科學家徒勞地試圖從他或她的理論中消除的意義和價值觀，行動被剝奪了它的意義，並且在一個只有非法意義的運動計算中找到了一席之地。如果要避免這種情況，如果試圖了解人類和社會現象需被嚴肅對待，那麼必須認肯社會科學和自然科學處理不同類型的主題，在這兩種科學裡，方法及解釋方式的原則是全然不同的。

從歷史來看，詮釋（Verstehen）的方法和解釋，為社會行為的主觀意義提供理論解釋的方法和解釋。[13]在尋求揭露行動的意義時，詮釋解釋並不將意圖、目的和動機視為一種「內在的」心理事件，以某種方式導致外在的身體行為的發生。相反地，詮釋解釋認肯「意圖」及「動機」不是指某種神祕的心理過程，而是指允許被觀察的行動，被描述為特定類型的行動。意圖及動機並不在行動的「背後」，猶如看不見的心理「原因」。動機和意圖攸關行動本質，為其定義和意義的一部分。出於這個原因，詮釋解釋不依賴曖昧的直覺移情作用，允許社會科學家將他們置身於所觀察人們的心中。相反地，詮釋解釋經由澄清被告知的思想及思想發生之社會規則和生活形式，試圖闡明人類行動的可理解性。在這樣做時，詮釋解釋的目的在闡明建構人們行動、經驗及生活方式的基礎概念模組，因而社會科學家所觀察的人們是可理解的。詮釋解釋的目的不是提供人類生活的因果解釋，而是深化並擴展我們對社會生活為何以這種方式被感知和體驗的知識。

四、理論與實踐

正如理論如何引領實踐的特定觀點，是實證論者的知識概念的一個定義特徵，「詮釋的」模式在其對於構成人類行動和社會生活有效的理論說明中納入了關於理論—實踐關係的假設。詮釋的社會科學的目的，經由系統的闡明支配典型個體在典型情境中行動的主觀意義結構，揭露特殊形式的社會生活的意義。[14]目前當這種理論的解釋提供給涉入的個別行動者使用時，它會顯露給行動者行動之規範和假設，從而「啟發」或「闡明」他們行動的重要性。經由這樣，使行動的意義，對所涉及的個人是透明的，詮釋的社會科學以兩種方式創造了實踐改變的可能性。第一，它有助於減少行動者以及詮釋行動間的溝通問題。藉由呈現在一個特殊情境下發生的事情，經由揭露在那種情境下人們如何理解他們正在做的事情，詮釋說明促進有興趣群體間的對話與溝通。

第二，詮釋的社會理論可能經由個別實踐者理解他們自己和情境的方式來影響實踐。一個詮釋的說法是，在試圖掌握個人生活及行動意義時，可以利用除個人自己使用之外的概念和理解。因此，它可以向個人建議解釋其行動和定義其「真實」的替代方式。但是提供個人新的概念不是簡單地提供給他們一種新的思維方式，它也為他們提供了對基本思維模式更加自我意識的可能性，使自己的行動變得易於理解。經由提供個人重新思考他們現有思維方式所固有的信念和態度的機會，詮釋的社會理論可以影響實踐。經由改變理解的方式，實踐被改變了。

目前理論到實踐的關係觀點，並不是機械式地與詮釋理論有關的東西。正如實證主義解釋與預測的概念，暗示著理論經由技術控制過程與實踐相繫，因此驗證知識的詮釋方法，需要藉由揭示將實踐定義為自我反思的理論背景來影響實踐。為了有效，一個詮釋說明首先必須是連貫的：它

必須在一致的框架內完整且協調見解和證據。對於許多詮釋研究人員來說，這就足夠了。他們認為，當他們的解釋滿足自己的評估標準和他們同儕科學家批判社群的評價標準時，他們的工作便完成了。但是具體或原則上也可以採用更嚴格的測試：為了有效，該理解還必須能夠通過參與者確認的測試。願意接受更嚴格測試的研究人員認為，詮釋解釋必須被承認是對其所描述的活動正在發生的事情的真實說明。換句話說，只有當理論家和他所觀察到的行動者都同意這些行動的理論解釋是「正確的」時候，這個理論才是有效的。任何聲稱成功地揭露個人的目的和意圖的主張，或提供個人之間有意義的互動理由的社會規則，或者某些情況下固有的默認假設，總是要求在某種情況下行動的人同意他們能夠理解這種情況被描述的方式。這些目的、意圖、意義和假設是**他們的**目的、意圖、意義和假設，一個理論解釋是否充分承認這一點，只能由他們來決定。

　　因為觀察者和被觀察者之間的這種「妥協」，是一個說明是真實的必要先決條件，所以理論的有效性部分地由行動者自我理解保持內在的聯繫和兼容的能力來定義。這並不意味著行動者自己對發生的事情的說明，以及「詮釋」的說明必須相同，或者在某種意義上優於另一個。這僅僅意味著詮釋解釋可以傳達給行動者，並且與他自己的解釋相稱。這意味著，詮釋理論不會為了自己的目的和自己的概念框架重新詮釋個人的行動和經驗，而是提供一個更深、更廣泛且系統化，對於行動者自己詮釋他們正在做什麼事情的知識和理解。正是這種理論知識關係的真理標準，以及行動者日常理解之間的關係，構成了理論與實踐關係的「詮釋」觀點的基礎。

五、詮釋的取向和「實踐」

　　從詮釋研究者的觀點來看，行動在對行動者的理解、目的和意圖，以

及行動者詮釋行動背景重要性時，行動具有其意義。社會科學的詮釋取向旨在揭示這些意義和特色。對於那些尋求以更加明智和開明的方式，智慧和謹慎態度行事的人來說，詮釋解釋提供了深入看見社會生活表象和人類事務的機會。從希望更加理性和更真實地行動的社會行動者的角度來看，詮釋解釋提供了擴大理解的機會，也擴大了描述行動的語言範圍和複雜性，從而擴大了行動溝通的能力：指導行動，並與其他人正確的行動協調行動。

從行動者的角度來說，這種思維方式引起人們的興趣再興起：施瓦布的「實踐」和「實踐審思」作品屬於這種類型。[15]在目前情況和制約因素（包括其他方面行動者的看法和審思），當考慮到特定情況下可能採取的替代行動方案，並決定哪些可能的行動最能充分表達行動者的目的和承諾時，需要進行實踐的審思。實踐審思的根源在於行動人的真正、正確、明智和審慎地行事——也就是亞里斯多德所謂的「**實踐智慧**」（*phronesis*）。它以**實踐**（*praxis*）——知情行動為基礎的行動表達自己。有人可能會說，受過教育的人只對這種堅定的、知情的行動感興趣。他或她依靠自己對善的承諾而生活。

這樣的人會反思地詮釋這個世界，並且會意識到他或她所承諾的價值觀、他人認同的價值，以及當代文化所支持的價值觀。也許這樣的人會寫出社會生活的詮釋說明；但是這個問題在這裡是不重要的。更重要的是，經由發展出來的詮釋社會科學，這個人可能進一步被告知社會生活的詮釋解釋。

銓釋社會科學在歷史上旨在為這樣的讀者服務。它旨在教育：深化洞察力，增強承諾。它的工作就是意識的轉變、覺知的分化和行動的啟蒙。它期待批判性接受（也就是說，它沒有簡單地認為它的真理被統一為單一的理論，將迫使行動沿著預定的路線行進），並且它旨在經由教育個別行動者的意識來促進社會生活。從這個觀點來看，如果認識到其重要性，也

就是說，透過對個體行爲者的批判性反思的調解，詮釋的社會科學可以提供實際的思考，間接地影響行動。

因此詮釋的社會科學理論與實踐關係的說明不是單方面的想法到行動；理論原則的實踐。它是雙向的：實踐的審思不僅透過思想而且透過實際緊急情況的通知實際審思；它總是要行動者的批判判斷和調解。在詮釋社會科學中，每一個實踐情況都爲行動者的實踐智慧提供了新的經驗；同樣地，它對善的承諾提出了新的挑戰。這些評論，可能有助於對實證主義社會科學中理論實踐關係的技術觀點，與詮釋社會科學的實踐觀點之間進行對比。顯然，兩種社會科學在社會生活和社會行動者的角色和功能有不同的看法。同樣清楚的是，它們對社會科學所屬社會世界的本質做出不同的假設。一個試圖超越社會生活，扮演社會工程的角色；另一個認爲自己在社會生活中，無能力去超越它且直接指導它。對於詮釋社會科學而言，唯一的目的是啓蒙，透過啓蒙，理性是在批判、道德和反思意義上的理性。

六、詮釋社會科學的批判

一般來說，對社會科學詮釋觀點的批判可以分爲兩種類型。一方面，實證主義反對詮釋理論的基礎，通常以基於實證主義合理性規範的評價形式呈現。這些包括詮釋取向無法產生廣泛的推論，或提供驗證或駁斥理論說明的「客觀」標準。[16]

第二種批判是指那些接受社會活動必須從其意義來理解，而且這種意義來自鑲嵌於社會脈絡的規範。但這些批判堅持認爲，建立社會行動意圖和意義的正確詮釋的任務，並不排除社會科學的目的。實際上，他們認爲社會科學的侷限性在於揭示行動者自己對「情境的定義」，以及隨後的科

學理解和普通日常認識的同化是不必要的限制。這些批判有許多種形式，但總體而言，它們反映出這樣一種區分，認爲「理解」是爲詮釋社會科學的目的，而「解釋」是爲自然科學的目的，並且經由否認科學解釋在社會現象調查中具有任何地位的信念，因此排除在社會科學探究中對社會最重要的真實特定特徵的解釋。特別是，有人認爲詮釋模式忽視了行動者所接受對其行動及社會生活的具體詮釋的來源、原因和結果等問題所採取的某種詮釋，且忽視了社會衝突和社會變遷的關鍵問題。此外，有人認爲，這些缺陷導致理論與實踐的關係的詮釋觀點存在嚴重缺陷。

因爲它強調多種「主觀意義」構建社會真實的方式，詮釋取向因此不禁忽視個人詮釋與行動以及外在因素和環境之間關係的問題。但是，儘管經由互動來建構和維持社會真實可能是真的，但實際上個人對真實的詮釋範圍也是受到他們所居住的特定社會的限制。社會真實不僅僅是經由個人詮釋來建構和維持——它也決定了適用於特定群體的真實詮釋。社會結構以及作爲個人意義和行動的**產物**，本身**產生**特定的意義，確保其持續存在，從而限制個人合理行動的表現。因此，社會科學不僅要探究特定形式的社會行動的意義，還要研究產生和維持社會行動的社會因素。在追求這項任務時，調查可能會聚焦在某些種類的社會結構如何限制特定的社會群體，以限制對他們開放的行動範圍，來找尋導致個人以某種方式行動的內容。這種探究是對現實可用的特定詮釋的先決條件的探究，本身不會是詮釋的。相反地，它將是一種探究的形式，旨在揭露詮釋解釋無法說明的行動的歷史和社會原因。有人認爲，這種探究不僅是合法的：它是對社會科學的被動性的必要糾正，僅限於提供社會行動和意義的詮釋說明。

針對詮釋取向的第二種批判涉及社會行動的意外的後果。因爲雖然很明顯地，行動總是在考慮某種意圖和目的的情況下進行，但也很明顯地，行動有無預期的分歧，有關的個人也沒有意識到。此外，由於這種意想不到的後果與管理產生這些行動的意圖無關，因此有關之個別行動者將不會

意識到他們正在做的事情的結果，也無法對其進行任何控制。因此，不能
經由參考有關個別行動者的意圖來解釋。

　　現在，這些意想不到的後果有一些「功能性」，經由加強其他社會群
體的行動和詮釋，它們有助於維護某些方面更廣泛的社會制度。在調查這
種可能性時，社會科學將需要構建理論說明，試圖解釋一些制度化的社會
活動的持續存在，而不是透露實際參與者認為他們實現的目的，而是展示
意外結果對於生產和保存這些活動的社會制度的連續性和穩定性的貢獻。
這樣的解釋與詮釋取向所允許的說明有很大的不同。

　　第三個反對意見，來自詮釋取向堅持認為與行動者自己的說明不相容
的社會行動的解釋是不允許的。如果是這樣，那麼人們對自己在做什麼的
自我了解是虛幻的或者是欺騙性的所有情況，都將無法解釋。然而，明顯
地人們描述他們行動方式可能與他們的實際行動不一致，以至於他們的理
解和解釋可能僅是理性的，模糊了他們的情況的真實本質，並以某種重要
的方式掩蓋了真實。對這種情況發生的原因和原因的解釋可以採取理論說
明的形式，說明個人的理解如何以「虛假意識」為條件，以及某些社會機
制如何運作，將人們束縛在社會真實的非理性和扭曲的觀念上。他們還可
以透過在社會結構層面上揭示社會過程如語言和文化生產與再生產過程，
群體生活的意識形態特徵，以具體的方式和具體的目的，形塑我們對社會
世界的經驗。

　　這些解釋不僅否認個人對自己所做事情解釋的有效性。它們還提供了
替代的解釋，如果它們被理解並被有關的個人所接受，就會阻止他們以他
們的方式行動。但是，根據定義，虛假意識和意識形態語言中的解釋不適
用於它們所適用的個人。事實上，只有當個人不能以這種方式詮釋自己的
行動時，它們才有可能，因為認為以虛假意識或意識形態為條件的行動，
將賦予這些行動完全不同的意義和重要性。但是如果是這樣，那麼這樣的
解釋必然會與個人自己的詮釋脫節，從「詮釋」的角度來看是不可接受

的。因此，強調掌握個人自我意義和行為的「可理解性」的重要性，詮釋取向無法檢驗這些意義和行動所具有的意識形態特徵及其在社會生活中的作用。為了滲透這種對意識形態解釋的抵制，詮釋的社會科學必須提供一種探究模式，個人自己的詮釋可以被批判地重新考慮和重新評估。

如果聲明中的詮釋取向無法解釋人們對眞實的詮釋與這些詮釋發生的社會條件之間的關係，那麼它也不足以說明理論如何與實踐相關。詮釋理論認為，經由闡明個人對自己行動的意義，它們克服了不同社會群體之間溝通的問題，從而幫助人們改變了他們對社會團體或其他社團所做事情的思考方式。這表明，簡單地提出一個詮釋性的說明，揭示替代定義和觀念的可能性，是期望個人重新詮釋他們的情況和改變行動的充分理由。但是這忽略一個事實，即概念上的改變不會因一個詮釋比任何其他詮釋更合理或更正確而發生。個人的觀念和信仰，不僅是在純理性考慮的基礎上被採納的一組眞實或虛假的陳述。相反地，它們與個人的生活方式密切相關，因此，它們為自己和其他人提供了適合於生活方式的想法和信念。正是因為個人認同與他或她所屬的社會團體的價值觀、信仰和態度是那麼靠近，任何對他或她所做的任何替代詮釋將永遠被抵制。任何新的詮釋不會改變個人對自己或其他人的看法，將會被視為對個人自我概念的一種情感威脅，被拋棄為「不切實際」、「荒謬」或「無關緊要」。因為它沒有處理為什麼應該以這種方式反對變革的可能性問題，因而詮釋理論所宣稱產生的實踐效果就不會發生。

詮釋觀點的理論與實踐關係是不健全的，因為它對社會衝突與社會變遷的關係採取了保守的假設。這是因為它傾向於假設社會衝突始終是不同社會群體對眞實的矛盾詮釋，而不是眞實本身的矛盾的結果。從詮釋的角度來看，這種衝突是人們對自己或他人行動的意義的誤解表現，並經由向涉及他們所擁有的錯誤觀念和信念的人透露出來。但是，這樣就意味著社會衝突是概念混淆的結果，一旦透露出來，社會衝突就會向人們展示他

們行動的合理性，這種詮釋取向總是傾向於將人們和既存的社會真實協調一致。

　　但是，並不是所有的人們經歷的衝突和焦慮都來自於他們對自己或其他人的實踐的誤解。可能「錯誤」信念引發衝突，反映出實踐本身存在的真正的衝突和緊張局勢——是社會真實的非理性和不連貫性，而不是個人概念的社會真實。當衝突出現時，詮釋取向鼓勵人們改變他們思考自己在做什麼的看法，而不是提出改變他們在做什麼的方式。因此，雖然詮釋理論可能改變社會真實的意識，但它們並沒有直接關係到為社會真實本身提供一個關鍵檢驗的方法。事實上，如果視批判性評估現有社會秩序標準的理論有點誤導的話，詮釋取向對社會理論對現狀的批判仍然漠不關心。

七、結　論

　　詮釋的教育研究經由強調教育實踐者主觀詮釋構成教育真實的方式，挑戰了實證主義假設可以經由因果解釋和普遍法來解釋客觀真實。經由揭露實證主義的侷限性，它削弱了從事自然科學教育研究取向人們的自我理解。

　　然而儘管存在差異，但「詮釋」取向和實證主義取向對教育研究人員及其與研究行為的關係提供了類似的理解。在這兩種取向中，研究者都站在研究情況之外，採取無私立場，對所分析的教育現實進行批判性評估和改變的任何明確關切都被拒絕。因此，儘管他們堅持認為教育真實是主觀建構的，而不是客觀被給予，詮釋取向如實證主義，追求以中立、無私的方式描述社會真實的共同方法論目標。

　　從歷史來看，理論家是一個必須排除所有個人價值觀，並抑制對正在

分析其行動的人的目的和價值觀的所有興趣的形象，這是最近的事。在許多方面，它代表了將合法理論範圍化約到單一領域的**理論**，這在希臘傳統中被保留用於考慮最終的真理。一個獨特的實踐領域的經典觀點，其中理論本質上涉及指導實踐，從當代觀點來看，就是事實和價值觀的混淆，因此被排除在方法論之外。然而，就教育是一項實用的價值負載的活動來說，似乎任何一種值得稱道的教育理論，都不能滿足於提供價值中立的理論說明，而是必須能夠面對有關實踐教育價值觀和目標的問題。正如一位教育哲學家所說：

> ……像教育這樣的實踐活動，……理論被建立來確定和指導活動……科學理論和教育理論之間的區別在於，為追求知識而組織的知識與為確定某些實踐活動而組織的知識之間的傳統區別。試圖從一些純理論話語的性質和模式來理解某些實踐話語的本質和模式，只會導致其被徹底誤解。[17]

在很多方面，解決教育實踐對話與教育研究理論對話之間的緊張關係，是教育理論與實踐相結合的核心問題。正是這個問題提供了第四章的主題。

延伸閱讀

　　教育社會學採取新的解釋方向的案例可以在兩篇論文集中找到——Young, M.F.D. (Ed.) *Knowledge and Control*，與Filmer, P.等人，*New Directions in Sociological Theory*。對「詮釋」傳統的歷史一個很好的總體描述是Outhwaites的*Understanding Social Life: The Method Called Verstehen*。在新維特根斯坦分析哲學傳統中，對社會科學的解釋性觀點的一個非常有影響力的嘗試是Peter Winch的*The Idea of a Social Science*。伯恩斯坦的*The*

*Restructuring of Social and Political Theory*第三部分，特別是第156-69頁，對
這一做法提出的許多批評的摘要。

註　釋

1　YOUNG, M.D.F. (Ed.) (1971), *Knowledge and Control: New Directions for the
Sociology of Education,* London, Collier Macmillan.

2　參見SCHUTZ, A. (1967), *The Phenomenology of the Social World,* Evanston,
North-western University Press.

3　BERGER, P.L., and LUCKMAN, T. (1967), *The Social Construction of Reality,*
London, The Penguin Press.

4　KEDDIE, N., 'Classroom knowledge', in YOUNG, M.F.D. (Ed.) (1971), *Knowledge
and Control: New Directions for the Sociology of Education,* London, Collier
Macmillan, pp. 133-60.

5　CICOUREL, A.V., and KITSUSE, J. (1963), *The Educational Decisionmakers,*
Indianapolis, Ind, Bobbs-Merrill Co.

6　OUTHWAITE, W. (1975), *Understanding Social Life: The Method Called
Verstehen,* London, George Allen and Unwin. 本書為解釋方法的興起提供了一
個有用的歷史介紹。

7　作為一本批評功能主義並倡導現象學視角的書一個很好的例子，參見
FILMER, P. *et al.,* (1972), *New Directions in Sociological Theory,* New York, Collier
Macmillan.

8　例如：參見PARLETT, M. and HAMILTON, D. 'Evaluation as illumination'
in HAMILTON, D., *et al.,* (Eds.) (1977), *Beyond the Numbers Game,* London,
Macmillan, pp. 6-22.

9　這種最具影響力的文本是WINCH, P. (1958), *The Idea of a Social Science,*
London, Routledge and Kegan Paul.

10 WEBER, M. (1964), *The Theory of Social and Economic Organization,* New York, The Free Press, p. 88.

11 在這種情況下，重要的是要記住巴甫洛夫的調節思想，對行爲主義心理學的發展非常重要，是基於行爲與反應之間的類比——也就是在行動與行爲之間的類比，根據我們所知，並不影響我們對它的意義。

12 AYER, A.J. (1964), *Man as a Subject for Science,* London, Athlone Press.

13 在OUTHWAITE, W. (1975), *Understanding Social Life: The Method Called Verstehen,* London, George Allen and Unwin. 書中詳細討論了詮釋解釋的歷史和理論。

14 有時候，它試圖透過研究像「行爲偏差者」這樣的異端，或者其他壓迫被剝奪的邊界的人：透過研究普通生活的界限如何被挑戰或改變，詮釋的科學家可能會拋出點亮「典型」並被視爲理所當然。

15 SCHWAB, J.J. (1969), 'The practical: a language for curriculum', *School Review,* vol. 78, pp. 1-24.

16 例如：參見Nagel's criticisms in 'Philosophy and educational theory' (1969), *Studies in Philosophy and Education,* vol. 7, pp. 5-27.

17 HIRST, P.H. 'Educational theory', in TIBBLES, J.W. (1966), *The Study of Education,* London, Routledge and Kegan Paul, p. 40.

第四章

理論與實踐：重新界定問題

一、前　言

前面兩章對教育研究中常用的兩種理論概念進行了簡要的討論。從這個討論中得出的一些結論或多或少是顯而易見的。例如：理解研究的不同方式與理論和實踐彼此應該如何連結的問題密切相關。的確，隨著討論的展開，可逐漸看出，任何適當的理論說明，都必須注意其所提示與實踐的關係。

其次，從實證主義的討論中浮現的是，把現實的「客觀」特徵視為理所當然的方式，然後把這種現實解釋為不可逃避的規律所支配的事物，這是一種天真的方式。因此，這往往會肯定對普遍「常識」所進行的虛假科學工作，除了透過技術控制以外，並沒有提供實際改變的方法。詮釋取向對實證主義所提供的一項重大修正，就是認識到現實的常識觀絕對不是一個「客觀的」既定事實，其本身就是理論形成和研究的主要問題。從詮釋的觀點觀之，社會現實並非存在於認識者之外，而可以獨立於認識者之外所認識。相反地，它是透過個人的意義與行為而建構和維持的主觀現實。由於實證主義理論未能認識到個人用以使其現實可理解的詮釋和意義之重要性，因而無法確定所要解釋的現象。因此，所產生的種種理論往往流於

瑣碎而無用，儘管它們似乎是細緻而詳盡的。

但對人類所表達種種意義的正確理解，只是社會探究的一個必要的初步工作，若認為這就是理論工作的整體，則陷於謬誤。因為詮釋對行為主觀意義的強調，往往意味著社會現實不僅僅是人們認識自己和他們處境的方式。但是社會現實並不僅僅是由概念和觀念構建和塑造的，它也是由歷史的力量、經濟和物質條件等所構成和塑造的。而且，這些事物也構成和影響著個人的知覺和想法，使得「現實」可能會由於各種思想過程的運作而遭到誤解。揭露這些過程並解釋它們如何調節和約束對現實的詮釋，是深受「詮釋的」取向忽視的重要任務。

但是，從目前的討論中所得出最重要的結論也許是，關於適合於教育研究的那種理論觀點的任何決定，都涉及對所謂**教育研究**應該達成的正確目的的基本選擇。它是否應該遵循自然科學，提供一套可用於操弄和控制教育情況的因果解釋？還是應該追求解釋的目標，揭示各種參與者對既有教育情境的不同理解，以便能夠更加察覺他們平時視為理所當然的事物？討論至此所浮現的，真要說起來，就是這些答案似乎都不適切，還迫切需要對教育理論和研究的一些替代理解方式。

本章的目的是為了回應這個需要，將前幾章中的一些見解和結論轉化為更明確的教育術語。為了做到這一點，其意圖是嘗試澄清在一門**教育科學**中任何連貫的論述需要納入的基本特徵。在進行這個任務時，關心的不是描述以科學方式進行教育研究的各種方法；關心的反而是初步任務，闡明任何適當的教育研究取向都需要納入的一些形式要素。這樣做的意圖不僅僅是指出迄今為止考慮的兩種研究認識論中的一些不足之處，也是為討論另一種社會科學探究理論的價值而鋪陳，為教育研究的本質及其與教育實踐的關係提供一個更加一致的觀點。

二、教育科學的理念

　　雖然人們早就認為，許多難解的教育問題只能透過藉助科學的實驗方法來解決[1]，實際的經驗卻不太能支持這樣的樂觀看法，當代關於科學在教育研究中所扮演的角色仍相當分歧。分歧現象有很多方面，形式也很多樣，但問題的中心是自然科學的探究模式是否在教育研究中占有一席之地。正如前面的章節所表明的，這個爭論只不過是社會探究的實證主義和詮釋學派兩者之間普遍衝突的一個特殊例證，這個矛盾卻主宰了整個社會科學哲學的歷史。

　　現在值得注意的是，這個普遍性爭議和教育理論與研究有什麼關係，兩種傳統的代表人物如何分別對於怎樣理解教育研究科學地位的問題抱持一些共同假定。例如：任何一方似乎都不懷疑，他們所代表的兩種立場，或多或少地完全提供了可供教育研究採用的可能選項範圍。儘管關於教育研究應該是實證主義的、技術的，還是詮釋的和實際場域的，仍然有許多爭論，有關教育研究的適當目的和結構，必須來自這兩種傳統的其中一個或另一個，此一假定在很大程度上卻仍然未遭遇挑戰。

　　同樣地，旨在揭示自然科學取向在教育研究中侷限性的詮釋性論述，總是假定他們的對手認同的科學概念是既充分又正確的。在教育研究中所劃分「因果」與「理解」的解釋、「通例」和「個殊」、「主觀」和「客觀」，這些明顯區別清楚地顯示了雙方如何堅持各自對科學的看法，以確保科學解釋和詮釋理解性是相互排斥的範疇。

　　現在繼續堅持這些假定至少有兩點可以批評。首先，主張如果教育研究定位於一個既存的科學探究傳統之內，它就可以成為科學，似乎都與庫恩的觀點形成鮮明的對比：就歷史事實而言，新的理論性活動，不會僅僅藉助某一門已經建立的科學的目標和方法來發展。相反地，當涉及某特定

探究領域的人們，堅持一種「社群生活模式」時，就會出現新的理論性活動，並且可以從中發展出一套理論知識來有效解決該領域的特定問題。[2]

第二條批評指出，教育研究必須是科學的或詮釋的**二者之一**的假定，其結果是迴避了有關專門針對像教育這種實踐領域進行研究活動之可能性的根本問題。例如：若主張教育研究與某些社會科學探究的現有概念之間必然存在內在的聯繫，就未能處理如何決定針對教育進行研究的特徵此一邏輯上先決的問題。同樣地，若接受教育研究所採用的各種方法論當中均隱含了科學的觀點，就忽視了科學存在各種不同的概念這一事實，也就因此忽視了有必要指出教育研究欲獲得科學地位所需要的最低限度條件。簡言之，這些共同的假定未透露的是，如何方能適當評估教育研究的科學地位之問題，只有透過：其一，澄清研究的**教育**特徵；其二，釐清確立其**科學**特性的標準。下一節是有關於第一項任務。

三、教育研究的性質與目的

指出「教育研究」的特徵這件任務可以用兩種相當不同的方式來達成。一方面，可以看作需要中立地描述出教育研究社群成員所運用的各種方法與步驟。實際上，大多數教育研究教科書的作者，在其開頭的章節中都是這樣解釋這個任務的。[3]但是，也可以另外把它看作根據區分哪些研究是教育研究而哪些則否，闡明如此區分的規準，以試圖描述教育研究的獨特性。顯然，如果教育研究和其他研究之間沒有真正的差異，那麼就沒有真正的理由用這個術語來指定某一種形式的研究。但是，如果存在這樣的差異，那麼若不先假定這個問題有個答案，就不能從教育研究工作的描述性調查中濃縮出來。透過從自稱從事教育研究這項活動的人的做法中汲取標準，回答有關教育研究性質的問題，就是以有利於如此宣稱的人之方

式偏頗地看待這個問題。因此，關於教育研究性質的問題，不是這個專業領域實踐多方式的問題，而是有關評估這些眾多實踐中，每一種的標準問題。

那麼，教育研究的顯著特徵是什麼呢？顯然，不同形式的研究不以其主題來區分。心理學、社會學、人類學和哲學，以及教育，都可以把語言作爲一個共同的研究領域。由於許多形式的研究都採用類似的方法和技術，所以任何研究活動的這些特徵，也不能賦予其獨特性。相反地，一項研究活動是人們所做的事情，因此只能透過參考其總體目的來理解。這可以透過考慮下頁的模式圖，來釐清理論性活動和實踐性活動之間的差異。[4]

蘭福德在評論這張圖時指出：

> 人們所做的很多事情，雖然不是全部，但卻構成了一些或多或少個人精心製作的計畫或活動模式。個人的行動和觀察，每一項都是由其立即目標或意圖所挑選出來的，構成了某些普遍而延續活動的一部分；較為普遍的活動本身具有一項總體目的，而構成其組成部分的行動和觀察，由於對此目的有所貢獻，因而被視為整體活動的組成部分。（p. 5）

這樣看來，顯然特定的研究實踐只能被理解爲構成特定研究活動的一部分，透過將特定的研究實踐視爲促成某種特定研究活動的結果或目的，而將其區分爲某種研究活動。因此，談論理論性研究，就是要談論所有以特定的方式解決理論性問題爲共同目標的研究活動。談論不同類型的理論性研究，如社會學和心理學，就是要承認這些活動追求的目的有所不同。同樣地，談論教育研究並不是要談論任何特定的主題或方法論程序，而是要表明從事這種研究的獨特目的，以及其公開宣稱的服務意圖。

確定教育研究的獨特目的是件複雜的事，因爲教育本身其實不是一個

	行動或採取行動 涉及的意圖：帶來變化。例如：由於鉛筆變得尖銳而導致鉛筆尖銳化。		理論性活動 總體目的：發現真相。例如：物理學、心理學。
人們所做的事情 （與發生在他們身上的事情相反）		活動 透過參照活動和觀察的總體目的，行動和觀察被分組在更複雜的活動中。	
	觀察或進行觀察 涉及的意圖：找出情況。例如：看著約翰，所以發現他正把鉛筆戳進他鄰居的背上。		實踐性活動 總體目的：帶來變化。例如：園藝、農業、教學。

圖1：蘭福德（Langford）實踐性活動模式圖

理論性活動。相反地，這是一個實際的活動，其目的是以一些理想的方式來改變那些受教育的人。教育的實踐性質所導致一個極為重要的後果是，教育研究不能透過參考適合研究活動的目標來定義，因為研究活動旨在解決理論上的問題，而是必須根據所實施的教育活動，在實踐性目的的框架內進行。因此，雖然教育研究可能與其他形式的研究同樣關注探究和解決問題，但與它們不同的是，它試圖解決的問題始終是教育問題。而且，由

於教育是一個實踐性事業，這些問題一直是實踐性問題，與理論性問題不同，不能透過發現新知識來解決，而只能透過採取某種行動。正如戈捷（Gauthier）所說，「實踐性問題是有關要做什麼的問題……它們的解決方案只能在做某件事時找到」。[5]

現在，雖然教育問題是實踐性問題幾乎是眾所周知的事實，但它對教育研究的啓示有多大力量未必獲得認可。例如：人們未必會承認，既然問題**若非實踐性的就是理論性的**，但決不會同時都是，教育問題**決不是理論性問題**。一般的或「與脈絡無關的」教育問題（例如，應該教給孩子什麼？「核心課程」應該包含什麼？）不會比那些較爲特定或具體的問題（例如：我應該如何評估這一群十三歲的孩子學習過二次方程的程度？）更具有理論性或更不具有實踐性。在這兩種情況下，問題的解決都不是靠知識的發現，而是透過按照實際的判斷來構思與行動。同樣地，許多乍看之下可能成爲教育問題的理論性問題，其中根本就沒有教育性質。理論性問題，包括與脈絡無關的問題（例如：兒童如何學習？統治階級如何透過教育過程和制度的運作，維持自己的霸權地位？）和特定且具體的問題（例如：中產階級學童學習特定的概念，是否比勞工階級的學生更容易？），可能會影響到爲解決教育問題而做出的實際決定，但它們**本身**並不是教育問題。而且，正如解決理論性問題的解決方案可能與解決實踐性問題有關，在嘗試解決理論的問題時也可能會出現實踐性問題。顯然，解決理論性問題的任務經常遇到實踐的困難，必須加以克服，才能圓滿完成任務。縱使這些問題發生在解決理論性問題的過程中，並沒有因而改變它們的實踐性質，因此也不能改變理論家想要克服問題也必須**做**些事情這一事實。

因此，從一開始，重要的是要認識到，由於教育問題的探究，可以爲教育研究提供任何可能的統一性和連貫性，因此教育研究的檢驗標準不是其理論上的細緻性，或合乎源自社會科學的規準，而是其解決教育問題

和改善教育實踐的能力。因此，任何關於教育研究性質的解釋，若只是將教育問題轉化為一系列理論問題，則嚴重扭曲了整個教育工作的目的和性質。的確，以這種方式無視或忽視教育問題的實際性，會剝奪它們可能具有的所有教育特徵，以至於任何宣稱投入**教育研究**的努力，都無法像社會學或心理學等這些社會科學研究一樣認真地持續。

透過考慮社會科學學科所探究的問題來源，可以確認這一點。這些不是由社會科學在建立理論時處理的任何實踐性活動所決定的，而是由建構和指導社會科學研究行為的理論框架決定的。例如：構成心理學或社會學關於學習或語言的問題的，不是由學習者或說該語言的人所決定的，而是由進行這些研究時所根據的概念框架決定的。

然而，由於教育問題是由實踐的教育活動所引起的，因此並非由支配教育研究者實踐的規則和規範決定的。相反地，當教育活動所採用的做法，在某種程度上不適合他們的目的時，就會產生教育問題。換句話說，當教育實踐與對實踐的期望之間存在一些差距時，就會出現這種情況。由於未能達成期望而出現教育問題的這項事實頗有意義，因為對實踐的期望必然意味著擁有一些先前的信念和假定，藉此來解釋和證明這些期望。從這個意義上說，由於那些從事教育實踐的人，已經致力於有關他們在做什麼的信念——這些信念縱使不是很明確，仍然很細緻——，他們已經有了一些理論框架來解釋和指導他們的實踐。而且，這些期望會隨著實務工作者察覺所處的實際情況而發生變化；也就是說，構成其「理論框架」的信念，在情境中嵌入和塑造了特定的相互作用歷史，不論是否像他們自覺所處的情境。因此，一個教育問題表明一種做法的失敗，意味著理論的失敗，從而產生對實踐效能的信念。透過破壞教育實踐的期望，教育問題破壞了一些邏輯先驗理論或教育實踐解釋的有效性。

透過重新考慮前面幾章中討論的一些議題，可以獲得同樣的觀點。例如：從「詮釋的」社會科學的討論來看，很顯然地，當教育理論家著手

探討教育情境時，他們將面臨一個充滿了教育實務工作者的詮釋、信念和意圖的現實。這意味著如果不參照教育追求者的共同教育價值觀和信念，就不能觀察到教育活動。再者，在討論過庫恩有關科學的論述之後，就可以主張，「派典」的概念非常適用於像教育這樣的社會制度。因為，正如科學派典提供了一個假定框架，它決定了什麼構成一項被認可的科學實踐，所以只有在共同的教育派典的背景下，教育實踐才能被理解，不僅僅是對教育研究者，而且對教育實務工作者也是如此。只有從某種派典所提供的意圖和信念來看，教育實務工作者才能將他的實踐理解為一種理性的活動，也只有在這種意圖和信念的框架之內，才能使他賦予這些實踐的價值獲得理解及合理化。此外，由於教育實踐的預期結果是源自某種教育派典，發生一個教育問題就顯示，它所包含的至少有一些信念和假定不能得到證實。從這個意義上講，教育問題是對派典適切性的挑戰。

　　從這個有關教育問題和實踐性質的敘述中，所得出的主要結論可以歸納為以下幾點。既然教育實務工作者必然對他們所做的事情已經有了一些了解，也對其實踐為何合理具有一些信念──縱使這些信念並不很明確──他們就必然擁有一些「理論」來解釋和指導他們的行為。這意味著任何研究人員，都不可能在沒有參考教育實務工作者所採用的理解模式情況下觀察教育實踐。教育實踐的辨認，取決於理解使其成為該種實踐的思考框架。然而，儘管對實務工作者的詮釋進行一些闡釋是任何研究活動必備的特徵，但在探究教育問題時，這是不夠的。因為，承認教育問題產生自教育實務工作者的想法和信念，並不表示接受這些想法和信念必然是正確的。實務工作者的信念和成見雖然可能是他們實踐的組成部分，但也是對他們所運行的環境性質以及他們行為後果的信念和成見。因此，它們終究是事情的最低要求，事情的結果可能會是錯誤的。事實上，除非實務工作者能夠區分他們認為或相信他們在做什麼和他們真正在做什麼，亦即，除非具體的現實情況以不完全由實務工作者的心智結構所決定的方式妨礙

教育實踐，否則將不存在此種教育問題。正是因為教師從事教育活動時，實際發生的事情與他們對於真正發生的事情或多或少的正確了解，兩者間存在著一些差異，才會產生教育問題。從這個意義上說，當對實際情況的期望不符合現實本身的時候，就會出現教育問題。換句話說，教育問題就是一個實務工作者理論與實踐的差距。

如果教育問題的發生是由於一項實踐與實務工作者關於這項實踐的理論之間有所落差，那麼顯然「理論」和「實踐」的概念的詮釋方式，就會和通常教育研究理解它們的方式有很大的不同。下一節的目的是釐清這些差異，藉以提出教育的理論與實踐的另一種定義。

四、理論與實踐：重新界定問題

從前一節可以明顯看出，「理論」的概念有很多種使用方式。例如：它可以用來指像心理學或社會學這樣的理論探究的產物，而當這樣使用時，它通常以一般規律、因果解釋等形式出現。另一方面，它可以指建構產生這些理論之活動的一般理論框架。當作此義使用時，它表示了一組特定的理論群體所據以實踐的基礎「派典」。因此，像「心理學理論」或「社會學理論」這樣的詞語，可以同時識別從事心理學研究的人（如學習理論或社會階級理論）所產生的理論知識，也可以識別引導那些從事心理探索活動的人的特定理論框架（如行為主義或功能主義）。那麼，從心理學這樣的活動中產生的「理論」，實際上不過是實踐（如心理實驗）在形式上的陳述結果，這些實踐本身是由「理論」所引導的，理論指出了參與這些實踐的人應該如何進行。

正如所有的理論都是一些實踐性活動的產物一樣，所有的實踐性活動都是由某種理論所引導的。例如：教學雖然不關心理論的產生，但與心理

實驗類似，它是一種有意識的社會實踐，只能透過參照思想框架來理解，其實務工作者在思想框架之中建立他們所做的事的意義。教師無法在不了解他們所處的情況下，也無法在不知道該做什麼時，就開始「實踐」。從這個意義上講，從事教育「實踐」的人，必然已經具備一些建構其活動、引導其決定的教育「理論」。

　　那麼，「實踐」不是一種與「理論」分開存在的、理論所「應用」的某種不假思索行為。而且，就像所有的觀察一樣，所有的實踐都有「理論」嵌入其中，這對於「理論」追求的實踐也是如此，對於像教學那樣的「實踐」追求也是如此。兩者都是透過特定的程序和技巧，根據特定的信念和價值觀，為特定的目的而進行的獨特性社會活動。所有的「理論」都是不實際的，所有的「實踐」都是非理論的，此一雙重假定是完全錯誤的觀念。教師如果不反思（進而理論化）他們正在做的事情，就不是在教學，正如同理論家若不從事該類型獨特實踐性活動，就無法產生理論。理論不是從實際的真空中產生的知識體系，而教學也不是某種沒有任何理論反思的、像機器人一樣的機械運轉。兩者都是實踐性的工作，其指導理論由各自實務工作者的反思意識組成。

　　引領像心理學這樣理論追求的理論，以及像教學一樣指導實踐性活動的理論，兩者都具有一定的共同特徵。例如：兩者都是現有的和正在進行的傳統的產物，因此構成了被認為適合在機構環境中各自進行活動的思維方式。那麼，理論家和教師就是社會成員遵循一套信念、態度和期望進行實踐的社會群體。雖然這兩個群體往往是不同的，身處於不同的機構，但在實踐中，他們可能會或多或少地重疊，取決於要處理誰的問題，以及問題的**根源**是對理論還是對實踐有所不滿。理論實踐的指導理論，可能比指導教育實踐的理論更自覺地習得，這一事實並不會改變這兩者都是透過教導過程來傳授的規範性思維方式的事實。

　　其次，每種思維模式都包含了一系列相互關聯的概念、信念、假

定和價值觀，使事件和情況能夠以適合各自關切事項的方式來詮釋。例如：心理學思考可以圍繞「認知」（cognition）、「認知運思」（cognitive operations）、「語義網絡」（semantic networks）等概念構建，而「教學」（teaching）、「學習」（learning）和「探究方法」（enquiry method）等概念，是教育話語概念背景的一部分。同樣地，教師在解釋和證明他們所做的事情時，也會對一些有關兒童如何學習和發展，以及某些知識的性質和價值等方面的信念和假定做出承諾。理論家們也可以對這些事情做出假定，但是其假定當然會和教師們所採用的大不相同。

當這樣看待「理論」和「實踐」時，越來越明顯的是，教育研究中通常引起關注的那種差距，不是那種發生在實踐和其指導理論之間的差距，而是因為認為「教育理論」所指的**並非**引導教育追求的既有理論，所產生的差距。例如：只有教育理論的語言，而無教育實踐的語言才會產生「溝通差距」。同樣地，教育理論與實際應用之間的差距也是存在的，因為實務工作者並不根據理論追求者所運用的標準來詮釋或評估他們所接收到的理論。

現在這個教育理論整體概念的問題，是它在幾個重要方面扭曲了理論和實踐之間的關係，以及它們之間可能出現差距的方式。例如：把理論與實踐的差距，視為教育這類實踐性活動所特有的「溝通」或「實施」的問題，這就扭曲了理論與實踐之間的差距其實是一種實際問題，也可能發生在任何建構理論工作的過程。（例如：當一個對進步教育取向和傳統教育取向兩者的相對優點感興趣的研究人員，使用實際上係依賴傳統教育觀點的測驗，因此對兩者比較的客觀性產生偏見時。）其次，若是假定這些困難能夠以某種方式在理論上被認定和處理，然後「應用」在實踐中，這樣往往會隱藏它們事實上是如何從實務工作者的經驗中產生的，而它們只會出現在發現平常組織經驗的方式無法達成其目的時。第三，認為這些差距所產生的問題，可以透過將理論知識轉化為行動規則來克服，這種看法

忽略了理論與實踐之間的差距，無論是發生在理論家或教育實務工作者身上，在實務工作者借鏡於他們自身已經擁有的理解框架來形成決定時，就已經彌合了。它也忽視了這樣一個事實：既然從事教育追求的只有教育實務工作者，那麼，足以構成他們的教育原則的來源，決定是否及何時實踐和這些原則之間存在差距，並指導為解決問題而採取的任何決定和行動，就是指導**他們**實踐的理論，而不是指導任何理論實踐的理論。

那麼，需要認識的重要問題就可以這樣概括。人人所譴責的理論與實踐之間的差距，問題在於，認為可以產生教育理論的理論和實踐脈絡，不同於教育理論所應該適用的理論和實踐。因此，由於這種觀點是如此廣泛，所以把由此產生的差距解釋為阻礙，欲消除這種阻礙，只能透過尋找誘導教師接受和運用除了他們已有的理論之外的一些理論的方式，這並不令人驚訝。但是，如果認識到「教育理論」一詞，除了實際指導教育實踐的理論之外，沒有什麼可以一貫地指涉的話，則明顯的是，明確涉及影響教育實踐的理論性活動，只能透過影響理論框架，使這些做法可以理解。從這個角度來看，「教育理論」不是一種「應用」社會科學理論的「應用理論」。相反地，它指的是整個教育界批判性地評估概念、信念、假定和價值觀的適切性，並將其融入教育實踐的主流理論之中。

這並不是說理論與實踐的關係，就是理論對實踐加以「暗示」（implies），或者是從實踐中「衍生」（derived）出來，甚至是「反映」（reflects）實踐。相反地，透過對現有的和正在進行的傳統的信念和理據，進行理性的反思，理論透過告知和改變實踐經驗和理解的方式，來通知和轉化實踐。因此，轉變不是這般地從理論到實踐，而是從非理性到理性，從無知與習慣到知識與反思。此外，如果如此對教育理論進行解釋，彌合理論與實踐之間的差距，並不是提高理論性活動產品的實踐有效性，而是提高教師用以概念化其自身活動的理論的實踐有效性。從這個意義上說，縮減理論與實踐的差距，是教育理論的中心**目標**，是理論可以有效

應用之前的事，而不是理論產生之後需要做的事情。

　　一旦理論、實踐和問題之間的關係被這樣受到理解，並且一旦承認教育問題的探究，是任何一貫的教育研究概念所追求的唯一合法任務，那麼科學和詮釋兩種取向的優點和缺點，就可以更容易評估。自然科學取向的優點之一，是熱衷於採用旨在防止偏誤、偏見和意識形態侵入的方法論原則。另一個優點是它聲稱在教育情境中，可能有一些因素在起著作用，這些因素對於實務工作者的自我理解仍然是不透明的，不能透過參照他們的意圖和信念來解釋。然而，由於這些相同的方法論原則，要求把產生理論解釋的過程與它們應用的領域分開，所以科學取向錯誤地主張，有可能解決教育問題而不影響萌生這些問題的思想框架。因此，如此主張解決教育問題的方法可以在理論背景下產生，而不是在其出現的社會和歷史背景之下，不僅不能體現教育實務工作者已經擁有的廣泛理論權力的重要性，它也忽視了簡單的一點：教育問題不能透過將理論解決方案，轉化為可以被機械地和被動地應用的技術建議來解決。相反地，它們是從實務工作者的經驗中產生的，只有在組織這些經驗的慣用方式，被認為是不適切時才會出現。因為直接關注的事並不是幫助實務工作者更適切地組織經驗，所以教育研究的科學概念根本就不涉及**教育**問題。

　　當然，「詮釋性」取向反對的是實務工作者作為科學理論消費者的形象，而是認為教育研究必須植根於實務工作者為了達到教育目的而獲得和發展出來的概念和理論。因此，堅持教育研究不能依靠產生科學理論的方法和技術，而是必須採取一些程序來揭示教育實踐和理解的理論，這種觀點是完全正確的。如果透過研究所產生的理論說明，未能與實務工作者自己的思維方式之間形成聯繫，那麼研究就會脫離教育實踐的理論脈絡，而且可能難以從研究中發現任何**教育**特徵。

　　儘管強調揭示實務工作者隱約在建構理論是詮釋取向的主要優點，但它傾向於認為這某種程度涵蓋了教育研究的所有目的，這是它主要的弱

點。由於教育問題只有在實務工作者的自我認識不足的情況下才會出現，所以解決這些問題的相關研究活動，都不能只滿足於對實務工作者自身的意義和詮釋進行理論描述。它更必須能夠對其有效性做出評估判斷，並提出在某種意義上更好的替代解釋，而這種研究不會是詮釋性的。相反地，如果它承認了實務工作者自己詮釋的不足之處，並試圖取代這些解釋，那麼它所產生的理論將與它們不相容。透過將其任務侷限在說明實務工作者自己的詮釋，並拒絕與他們不相容的說明，詮釋取向沒有辦法批判性地檢查其說明可能擁有的任何缺陷。事實上，由於教育研究的詮釋取向拒絕承認有任何評估規準可評估實務工作者所做的詮釋，並且未能提供對其現有解釋進行評判的替代說明，因而也就毫不關切解決教育問題。

　　這樣看來，越來越明顯的是，自然科學和詮釋這兩種教育研究取向的不足之處在於，一者的優勢是另一者的弱點。科學取向忽視教育問題總是形成詮釋之前的事實，於是有效地消除了問題的**教育**特徵。詮釋取向將實務工作者的自我理解與直接的、具體的和實際的批評隔離開來，就有效地消除了這些理解的**問題**特徵。因此，任何嚴肅對待其目的的教育研究理念，都必須抵制將實踐性教育問題同化為理論性科學問題的科學傾向，以及將理論性認識同化為對實務工作者自身理解的描述性紀錄的詮釋傾向。簡言之，必須加以抵制的主張是，這兩種教育研究取向很可能彼此互斥而且兩者相加即已完備。

　　更積極的看法是，顯然兼具「詮釋性」和「科學性」的教育研究觀是必需的。「詮釋性」的意思，是它產生的理論可以由實務工作者根據自己的概念和理論來掌握和利用；「科學性」的意思，則是指這些理論為實務工作者實際使用的教育實踐理論所包含的信念和假設，提供了連貫性的挑戰。如果各種研究發現和研究所提供的任何新理論，無關乎教育實務工作者的理論和理解，那麼就不太具備**教育的**有效性了。如果它們無法使實務工作者對自己所做的和想要達到的發展出更精進的理解，那麼它們就沒

有什麼**教育**價值。從這個意義上說，任何教育研究所追求的唯一合法任務，是發展教育實踐的理論，這種理論係根植於實務工作者的具體教育經驗和情境，並試圖面對和解決這些經驗和情境所造成的教育問題。

五、教育研究與科學

　　雖然前一節指出，認為教育問題可以透過運用現有科學學科產生的理論解決方案來解決是錯誤的，但若是說從這個推論可以推斷教育研究無法達到科學工作的地位，這同樣也是錯誤的。達到這一地位，不僅僅是從既有的科學中引進方法和技術的問題而已。問題更關係到：處理教育問題，是否可以採用符合支配科學探究行為的原則和規則的方式，而這種探究的結果可以獲得科學知識的地位。

　　雖然對科學本質的看法總是有爭議的，但是教育研究的標準觀點，是「假設—演繹」觀點，此觀點認為科學理論的顯著特徵是演繹有效性和經驗可測性。正如第二章所指出的，演繹有效性係透過確認理論足以解釋（所解釋項），可以從引證解釋的一般陳述和初始條件中有效地推導出來（解釋項）。經驗可測性要求科學理論中的概括應在邏輯上容許經驗假設，其真實性的驗證可以透過測量及比較演繹結果與實際觀察結果。

　　在第二章討論了那些主張所謂的「新科學哲學」的學者對此種科學理論觀點的一些批評。卡爾・波普爾（Karl Popper）[7]提出的一個原始批評指出一項事實，藉由真正的演繹推論證明一項理論結果是正確的情況並不多。無論觀察到加熱的金屬膨脹多少，「所有金屬在受熱時都會膨脹」這項無限制概括的真理，仍然可以受到質疑。然而，波普爾認為，雖然科學理論不能被特定的觀察所證實，但它們可以被否證或駁斥。只要有一個經過加熱卻**沒有**膨脹的金屬，就確定可以駁斥所有金屬在加熱時膨脹的理

論。簡言之，雖然眞實的經驗推論並不意味著理論的眞實性，但是否定的經驗後果，必然會反駁它。由於這個原因，只有在理論不成立時，可以從經驗測試中合理地推斷出來，所以，只有在某項可想像的觀察能夠反駁理論時，這個理論才是可檢驗的，因此也才是科學的。

　　波普爾對科學理論邏輯的重新表述，不僅對理解科學本質有重要的貢獻，也導致了對於科學方法的目的、科學知識的地位和科學進步的本質一些嶄新思維方式。因此，從波普爾的觀點來看，方法的關鍵作用不是確認、驗證或證明科學理論，而是挑戰、評估，並且如果可能的話，用以駁斥通常提出來解釋一些事態的「猜想」（conjectures）。而且，如果科學理論永遠不能得到確鑿的證實，那麼所有的科學知識永遠都具有暫時性，試圖證明一個理論或證明其絕對正確的信念，是錯誤而不科學的。證實的理性（justificatory rationality），亦即能夠讓科學理論和知識得到確鑿證明的理性，是不可能存在的。理性所允許的一切就是接受能夠經得起批評的理論。在科學上，理性的目的是批判而非證實。

　　由此可見，科學沒有任何可靠的基礎可以建立起一定的證實知識體系，因此科學進步不可能是辛苦蒐集一套眞實知識的累積過程。相反地，科學進步更像是一種生存的進化鬥爭。在這種鬥爭中，彼此競爭的理論不斷受到更好、「更合適的」（fitter）理論的滅絕和替代的威脅。而且，這些更好的理論，並不是藉由任何特別合乎科學的程序所發現的，而是由想像的、創意的，有時是試探性的「猜想」提出來的，以克服現有理論中的錯誤，解決這些錯誤所導致的問題。只有在理論可以接受批判以及有可能遭到淘汰時，它們才是科學的；而且它們之所以勝過那些它們所淘汰的理論，是因爲它們所能承受經驗的挑戰程度勝過之前的理論。

　　正是在這一點上面，波普爾的科學觀遭遇到嚴重的困難。因爲，如波普爾所說，如果理論能夠透過將其與單一觀察的反面實例對質而遭到明確駁斥，那麼這就假定有可能做出無理論且成立的觀察。當然，這與波普爾

所分享的觀點——觀察本身總是帶著理論的——形成鮮明的對照。但是這意味著理論永遠不會被證明是錯誤的，因爲觀察陳述永遠不可能是理論中立的，也不可能確定是正確的。簡言之，波普爾的說法要求觀察陳述保持獨立於理論之外，同時卻又承認這是不可能的。

科學哲學家用不同的方式回應了波普爾說法當中的拉扯。那些同情波普爾觀點的人，試圖用克服內部困難的方式來完善和擴充他的論述。[8]其他人則更爲批判，他們的回應是拒絕了波普爾的說法，轉而支持一些極爲不同的其他說法。[9]儘管波普爾的支持者和批評者之間存在著許多分歧，但是他們的主張和論述卻出現了獨特的「後經驗主義哲學」（post-empiricists），此一哲學產生的科學形象非常不同於正統實證主義的說法。而且，幾乎毫無疑問地，這個新的科學哲學與傳統的實證主義哲學相比是一個重大的進步，並且摧毀了它的許多基本主張。新的科學觀點挑戰實證主義假定的一些方式頗值得一提。

首先，它否定了科學關心尋求確定性和眞理的實證主義觀點，並且主張只有承認絕對知識的不可能性和所有信念的可能錯誤，眞正的科學進步才是可能的。科學關心的不是獲得某種絕對眞理，而是消除會扭曲日常常識性思維的偏見和教條。因此，在科學中，沒有不可置疑的「不爭事實」。相反地，它透過批判性地評估常識性的知識和假定來發展，透過展示常識性思維中隱含的理論如何導致不良或非預期的結果，或者透過展示某種替代性理論如何比常識性理解具有某些優勢，或提供對實際更適切的解釋。波普爾說：「在科學上，我們的出發點是常識，我們能進步最大的工具就是批判」。[10]

其次，新的科學哲學反對科學家作爲被動地觀察和記錄自然世界的旁觀者形象。理論是由人們創造來解釋他們的世界，而不是從世界上被發現。而且，由於所有的觀察和語言都充滿了理論，科學家的角色不在於產生理論，而是在審視和挑戰已經蘊含在語言和常識中的理論。

　　第三，從這種新的科學形象來看，就更加能夠清楚看出，實證主義哲學透過關注於用來展現科學探究的理論性終極產物之眞相的證明邏輯，並沒有認識到科學所應用的探究過程的重要性。原因是科學知識的區別不在於其邏輯地位，而在於它是由批判性規範和理性標準所支配的探究過程的結果此一事實。因此，欲獲得科學的「客觀性」，並不能透過機械地運用某種邏輯上的證明，或是訴諸未經解釋的中立「事實」範疇。「客觀性」並不涉及對中立性的天眞信念，而是關於探究規範和理性標準的共同主體間一致意見，這將確保理論能夠在沒有不當主觀偏頗干預和個人偏見的情況下，得到批判性評估。從這個意義上講，科學的客觀性不是對應於某種中性的現實。相反地，「客觀的」現實本身就是對應於探究者社群的主體間一致性的觀點，他們的討論是按照共同的理性標準進行的。因此，當參與者表示願意讓自己的觀點和偏見接受批判性檢視，並願意參加公開和公正的討論和論證時，就能達到「客觀性」。

　　最後，若能如此地認識到科學客觀性的主體間面向，就會更加清楚地了解科學是不可能在社會眞空中發生的。它總是以一個開放和多元化的探究者社群的存在爲前提，所有人都可以自由地批評他人的思想，每個人都可以平等地積極參與。它還需要對一些歷史和社會背景的欣賞，在這些背景下問題出現，行動的可能性被塑造和調節。此外，正如新的科學觀點的一些倡導者已經清楚地認識到[11]，這樣一個自我批判的、開放的科學社群，本身依靠並尋求支持民主理想和民主形式的社會生活。在這方面，他們認同杜威的觀點：

　　　　……與其他生活方式相比，民主是唯一能夠產生科學的生活方式，而科學是邁向更進一步經驗唯一可靠的權威……。那是由於不民主的每一種生活方式都會限制能夠……擴展與豐富經驗的接觸、交流、溝通與互動。[12]

六、邁向教育研究科學

　　從本章到目前為止的說明可明顯看出，許多教育研究的主要弱點之一，是它沒有提供足夠的標準來區分真正「教育」的研究，和純粹的「理論」研究。也就是具有非教育特徵（noneducational character）。由於此一疏漏，教育研究的目的是發展以教育實踐的問題和觀點（而不是某些社會科學實踐的問題和觀點）為基礎的理論，此一關鍵點經常遭到忽視。許多當代討論中的第二個失敗之處，就是未能區分兩個問題，一是關於現有社會科學對解決教育問題有多大貢獻的問題，另一是關於教育研究能夠或應該符合科學適切性規準到何種程度的問題。本節結語的目的，是簡要地指出一項教育研究理論的一些基本特徵，它不承認傳統的社會科學方法和目標與教育實際問題之間有內在聯繫。

　　人們已經注意到，教育實踐總是根據一些理想之事的概念，和對可能之事的一些理解來進行。因此，這些教育實踐融合了對現有情況的本質、改變的可能性及促成改變的最有效方式等的信念和理論了解。同時，它們反映了，在抉擇理想的目標以及正當化實現這些目標的可接受手段時，所根據的價值和原則。

　　現在，由於這些理論上的成見主要是習慣、先例和傳統的產物，它們很少以任何明確的方式表述，或透過任何清楚闡述的思想過程加以說明。事實上，在下日常教育判斷時所根據的信念和價值觀有一個顯著特徵是，它們的真實性被認為是不證自明的，遂以不加批判和不加反思的方式接受和採用。正是這種對傳統教育思想毫不懷疑的態度，確保了其功過能夠有系統地免於受到批判性評估。

　　這樣看來，很顯然，對於任何欲採取科學取向解決教育問題的研究活動來說，首要任務就是解放教師對習慣和傳統的依賴，其做法是為他們提

供技能和資源，使他們能夠反思和審視不同的教育實踐觀念的不當之處。因此，科學教育研究的第一個要求就是，方法論策略不是簡單地測試和精進「科學知識」，而是暴露和消除教育實踐中隱含的、教育實務工作者視為不證自明的信念和價值觀有何不當之處。這並不意味著必須拋棄「實踐」的思維方式，轉而採用一些「理論」的思維方式。該拋棄的是不加批判的態度，方可對既定的教育信條採取更加批判的、科學的態度。因此，科學並不是**取代**現有的教育實踐理論，而是透過對支持這些理論的信念和理由進行批判來**改善**它們。因為只有藉由如此挑戰教育的確定性，教育實務工作者的詮釋和判斷才會變得更加清晰，而較不至於依賴充斥在不加反思的教育思想當中的偏見和教條。因此，教育研究的重點，不僅僅是生產更好的教育理論或更有效能的實踐；這裡所倡導的那種教育研究會使得實踐更加「理論化」，因為它充滿了批判反思，同時本身仍保持「實踐性」，因為它能夠幫助教育實踐做出更清明的判斷。簡言之，教育研究的目的，是確保教育實務工作者的觀察、詮釋和判斷能夠更加清晰而理性，從而獲得更高的科學客觀性。

　　因此，在確定科學對於教育研究的相關性和重要性時，需要區分以下兩種對教育研究的理解：一種是作為科學學科直接應用於教育問題，另一種是對教育實踐中出現的問題進行科學探究。這不僅僅是一種語義上的區別，因為如果拒絕前一詮釋而接受後者，那麼就有可能否認社會科學的目的和方法必然是教育研究的目的和方法，但同時卻也能認識到它們可以提供重要的洞見和細緻的程序來拓展對教育問題的理解。因此，教育研究可能對社會科學研究形式的概念、方法、理論和技術有一定的需求，但這只意味著它們構成了一組有用的**資源**，而不是教育理論和知識的**來源**。事實上，如果教育研究完全致力於探究教育問題，那麼它的基礎將是建立在：認識到教育理論和知識唯一真正的來源，是發生這些問題的實踐經驗，教育研究所應該關切的，是建立扎根於教育實踐現實情況的理論。

對於研究應該更加關心形成「扎根理論」（grounded theory），格拉澤（Glaser）與斯特勞斯（Strauss）[13]曾相當詳細地探討此一觀念，他們的主張有幾個方面值得一提。首先，他們說明了社會科學研究如何專注於對現有理論的測試和驗證，並忽略了「應該先探索與所要研究的領域相關的概念和假設」。[14]為了糾正這種情況，他們主張以「從研究中系統地獲得資料以發現理論」來取代「藉由先驗性假定的邏輯演繹產生理論」。[15]他們主張只有這種「扎根理論」方能順利地「適合」所研究的情境，易於讓「重要的外行人」（significant laymen）了解，也合乎其應有的用途。

其次，他們區分辨別「實質性」和「形式性」這兩種扎根理論。

> 所謂實質性理論，是指為了一個實質的或是驗證的探究領域而發展出來的，像是……專業教育……。所謂形式性理論，係指為了一個形式的或概念的探究領域而發展出來的，像是……社會化或社會流動。[16]

第三，他們主張，「欲建立忠於實證情境的實質性理論，不能僅僅透過從既有的形式性理論中找一些觀念應用在實質性領域上」[17]。相反地，相關的概念、假設和問題必須從實質性領域的研究所提供的「原始資料」歸納而來。只有這樣，才有可能決定是否有任何的形式性理論可以有助於建立適切的實質性理論。

如果我們接受教育研究要採取適合發展「扎根」實質性理論的研究策略和方法，那麼似乎必須對現有研究程序做些改變。首先，需要認識到，任何將「實質性」教育問題轉化為一系列「形式性」理論問題的嘗試，只會剝奪它們本質上的實踐性質，從而誤解教育研究的正確目的。因此，這種觀點透露，應該拒斥透過引進社會科學探究領域的理論（如「動機」、「學習」、「社會化」或「偏差」）以建立適切教育理論的信念。相反地，必須要認識到，教育研究的任務是產生「實質性」理論，這些理論是

扎根於複雜的現實之上，不會因為強加上能夠有效預先決定相關研究問題的「形式性」理論而遭到扭曲。

　　其次，如果研究是要產生一個以解決教育問題為關注焦點的理論體系，則需要改變測試和評估這個理論的規準。特別需要抵制的觀念是，僅僅透過將獲自教育來源的數據進行驗證，就可將社會科學理論轉化為教育理論。因此，採用純粹的理論規準來評估研究可能提供的任何教育理論的價值或有效性，這種做法也必須加以抵制。此外，如果教育研究的根源在於意識到教育理論如何與教育實踐有著內在的聯繫，那麼就可藉由體認到以下事實而加以組織：教師的具體實踐經驗既提供了理論探究的主題，也提供了探究的結果所植基的檢驗標準。因此，也就承認，「理論」只有在對理解這些經驗提出改進的方式時，才能獲得「科學」的地位；只有在這些建議獲得實踐經驗的驗證時，才能獲得教育的有效性。這意味著，由於抱持極為對立的觀念，主張理論只有在自身可以根據教育結果而修正、改善及評估時，方可獲得教育特徵，遂拒斥理論可以獨立於實踐而設計與測試，可以用來修正、改進或評估任何教育實踐的觀念。從這個意義上說，決定任何教育理論價值的是實踐，而非由理論決定任何教育實踐的價值。

　　這種研究的第三個要求，是認識到它所尋求的問題是如何只對教育實務工作者構成問題，而且只能由教育實務工作者來解決。於是，其主張為研究的成功完全取決於鼓勵教師對自己的問題和實踐有更精確的理解。因此，在這個觀點下，研究者把教師當作科學研究的對象，或者作為接受和應用科學解決方案的客戶，是完全不合適的。相反地，由於教師的實踐經驗是所考慮問題的根源，因此必須了解實務工作者在研究工作中的積極參與，是不可或缺的必要條件。

　　以這種方式來解釋，教育研究是「科學」的，因為它受制於中肯、嚴謹和批判性反思的觀念；而教育研究也是「實踐」的，因為必須尊重和保留教育實踐執行及教育問題產生的實際背景，任何解決這些教育問題的

辦法都要經過檢證。但是要落實這個研究概念並不是一件容易的事情，端賴研究人員整合起各種身分，並與教師合作共同解決教育問題，改善教育實踐。事實上，從這個角度來看，教師本身必須成爲教育研究者，而不是教師的專業研究者只會在輔助或便利教師研究方面扮演輔助角色。這並不意味著教育研究必須侷限於「實際」的課堂問題。但是它所暗示的是，教育研究必須超越社會科學的概念，無論是科學的還是解釋的，並且需要一些其他的認識論基礎。更具體地說，這意味著決定教育研究適當發展的教育科學模式是「教育」的，因爲它把理論和實踐結合起來，這個模式也是「科學的」，因爲它認爲理論的目的是批評實際思維中令人不滿意的要素，並指出如何消除這些要素。下一章所關注的，正是可以清楚闡明教育科學的認識論框架發展。

延伸閱讀

提倡科學取向的教育研究教科書的例子比比皆是。例如：見安推索（N. J. Entwistle）和尼斯比（J. D. Nisbet）的《教育研究法》（*Educational Research in Action*）。若想閱讀對教育研究採取較偏向解釋取向的書，請參閱漢默頓（David Hamilton）等人（編輯）《超越數字遊戲》（*Beyond the Numbers Game*）。

作爲討論和辯論的一個問題，教育理論與實踐兩者關係的問題受到莫大的關注。對於蒐集處理這個問題的文章，哈涅（Hartnett）和奈許（Naish）編輯的兩本書《理論和教育的實踐》（*Theory and the Practice of Education*）是最有價值的。關於新科學哲學的一般介紹，請參閱查默斯（A. F. Chalmers）的《什麼叫科學？》（*What is this Thing called Science?*）。更困難的是拉卡托斯（Lakatos）和馬斯格雷夫（Musgrave）

合編的《批判與知識的增長》（*Criticism and the Growth of Knowledge*），
這本書是討論波普爾和庫恩的意見的一些文章的合輯。

註　釋

1　其中最有影響力的或許是，1879年寫出《教育科學》（*Education as
Science*）（倫敦Kegan Paul出版）一書的亞力山大‧班恩（Alexander
Bain）。關於早期論證教育研究科學地位的討論，可以參閱史密斯（J.
V. Smith）與漢默頓（D. Hamilton）於1980年合編的《功績主義的知識分
子：教育研究歷史研究》（*The Meritocratic Intellect: Studies in the History
of Educational Research*）（Elmsford, Pergamon, Aberdeen University Press出
版）。

2　參閱庫恩（T. S. Kuhn）所著的《科學革命的結構》（*The Structure of
Scientific Revolutions*）（1970年，第二版）（芝加哥的芝加哥大學出版社出
版）。

3　最近的例子可參閱R. Beard與G. Verma所著的《何為教育研究？》（*What Is
Educational Research?*）（漢普郡Gower出版）開頭前幾章。

4　參閱蘭福德（G. Langford）1973年所著的〈教育的概念〉（The concept of
education）一文，該文收錄於蘭福德與奧康納（D. J. O'Connor）合編的《教
育哲學新論》（*New Essays in the Philosophy of Education*）（倫敦Routledge
and Kegan Paul出版）。

5　參閱戈捷（D. P. Gauthier）1963年所著的《實踐推理》（*Practical
Reasoning*）一書（倫敦牛津大學出版社出版）第一章。

6　參閱本書第二章第4節。

7　參閱卡爾‧波普爾1969年所著的《猜想與反駁》（*Conjectures and
Refutations*）（倫敦Routledge and Kegan出版）。

8 參閱拉卡托斯（I. Lakatos）1970年所著的〈否證與科學研究綱領方法論〉
（Falsification and the methodology of scientific research programmes）一文，
該文收錄於拉卡托斯與馬斯格雷夫（F. Musgrave）合編的《批判與知識的
增長》（*Criticism and the Growth of Knowledge*）（劍橋的劍橋大學出版社出
版），pp. 91-195。

9 尤其可參閱庫恩所著的《科學革命的結構》（*The Structure of Scientific
Revolutions*）（1970年，第二版）（芝加哥的芝加哥大學出版社出版）。
以及費耶阿本德（P. K. Feyerabend）1975年所著的《反方法論：無政府
主義的知識理論大綱》（*Against Method: Outlines of an Anarchist Theory of
Knowledge*）（倫敦New Left Books出版）。

10 卡爾‧波普爾1972年所著的〈常識的兩面：贊同常識實在論並反對常識
知識論的主張〉（Two faces of common sense: an argument for common sense
realism and against the common sense theory of knowledge），收錄於《客觀知
識：一個進化的研究》（*Objective Knowledge: An Evolutionary Approach*）
（牛津Clarendon Press出版）。

11 尤其可參閱卡爾‧波普爾1966年所著的《開放社會及其敵人》（*The Open
Society and its Enemies*）（倫敦Routledge and Kegan Paul出版）。

12 杜威1939年所著的《自由與文化》（*Freedom and Culture*）（紐約G. P.
Putnams and Sons出版），p. 102。

13 格拉澤（B. Glaser）與斯特勞斯（A. Strauss）於1967年所著的《扎根理論的
發現》（*The Discovery of Grounded Theory*）（芝加哥Aldine出版）。

14 同前註，p. 2。

15 同前註，pp. 2-3。

16 同前註，p. 32。

17 同前註，p. 33。

第五章

理論與實踐的批判取向

從前面三章的討論中，我們現在可以指出一些任何教育理論取向都需要承認的形式要件（formal requirements）。首先，根據第二章中對實證主義的批判，顯然教育理論必須拒斥實證主義中對合理性、客觀性，以及真實性的看法。尤其是對於實證主義認為知識在解決教育問題中只有純工具價值的觀點，以及由此延伸出的把所有教育議題都視為技術性問題的傾向，更是要嚴正地加以拒絕。第二，根據第三章所提到掌握教育實踐對於實踐者的意義之重要性，教育理論必須要運用教師的詮釋範疇（interpretative categories）。確實，第三章認為若要讓教育理論具有實質內容（subject-matter），就必須根植於教育實踐者的自我理解上。

然而，認識到教育理論必須以教師的詮釋為基礎的這個論點本身並不充分，因為當「意識（consciousness）界定了現實」這件事可能為真時，「現實也許能系統性地扭曲意識」這件事也同樣可能為真。的確，第三章詮釋典範的一個主要缺失，即是其並未認識到，個人的自我理解可能是被各種使得社會生活中許多非理性與矛盾狀況得以持續存在的虛幻信念（illusory beliefs）所形塑的。故此，任何教育理論取向都必須承認的第三個要件，即教育理論必須要提供能分辨一個詮釋是否在意識形態上有被扭曲過的方法，同時也要提供一些該如何能克服這些被扭曲過的自我理解的觀點。

　　第三章中所討論的詮釋取向的另外一個缺失，即是其並未認識到許多教師所追求的目標和目的，都並非是意識選擇下的結果，而是來自於社會結構中各種他們無法直接控制的限制。故教育理論的第四個要件，即是**教育理論必須把辨識和揭露這些阻礙追求理性目標的既存社會規範（social order）視爲己任，並提供理論說明，以使教師們能覺察到這些社會規範如何有可能被消除或克服。**

　　而從第四章中所得出的第五個要件，就是我們必須認識到教育理論是**實踐性的（practical），即一個理論在教育中地位的高低，將由其與實踐的關聯性所決定。**出於這個原因，教育理論不能僅簡單地解釋實踐者可能面臨的問題的根源，也不能僅滿足於透過讓教師採取或應用由理論所產生的解決方案來解決問題。反之，它的目的是給予教育者們的實踐資訊與引導，藉由指出如果他們想要克服與消除困難，他們應該如何行動。從這個意義上說，教育理論必須始終導向於轉化教師們看待自身和情境的方式，好讓他們認出使其教育目標和目的受挫的因素並消除之。同樣地，教育理論也必須導向於轉化那些阻礙著教育目標達成、使扭曲的理念不斷被延續，以及妨礙理性和批判性工作的教育情境。

　　而包含上述五項要件的研究和理論觀點，是由一群一般被稱爲「法蘭克福學派」（Frankfurt School）[1]的哲學家和社會科學家所共同發展與闡述的。一般來說，讓這群學者們聯合起來的，是這樣的一個信念，即他們認爲實證主義壓倒性的影響，導致了工具理性大規模的增長，以及把所有的實踐性問題都視爲技術性問題的趨勢。而這創造出了「客觀現實」（objective reality）的幻象，認爲現實是個人無法控制的，從而使得人們反思自己的情境並改變它的能力下降。因此，法蘭克福學派首要關注的，就是闡明一個理論觀點，其核心任務是藉由人們自身的理解與行動，把人們從實證主義的「思想宰制」中解放出來。

　　這種理論觀點通常被稱爲「批判理論」[2]，而本章的目的即是概述其

核心特徵。在我們開始前，我們首先需要認知到「批判理論」這個術語可以用各種方式來解釋。對一些人來說，批判理論主要是為了克服傳統馬克思主義中一些弱點的一種嘗試[3]；對另一些人而言，它是關於詮釋哲學的長期爭論的一部分。[4]而另外還有一些人則認為它是試圖融合新維特根斯坦哲學與歐陸哲學的一種嘗試。[5]而在本章中，我們主要著重於批判理論是如何產生出**批判社會科學**的觀點，以及其是如何產生出一個和實證與詮釋社會科學不同的理論與實踐關係的觀點。

一、批判理論的時代背景

　　批判理論的核心目標之一是根據對上個世紀實證與詮釋社會科學之批判，來重新檢視理論與實踐的關係。霍克海默（Max Horkheimer）、阿多諾（Theodore Adorno）和馬爾庫塞（Herbert Marcuse）等早期的批判理論家，都在憂慮實證主義科學的霸權地位，以及它在二十世紀思想體系（ideology）中占主導地位的程度。自然科學研究的成功，導致了人們試圖在社會科學領域，藉由模仿自然科學領域的做法來取得成功。這使得有生命的世界與無生命的世界，在「研究方法論」上被等同對待之，造成處理無生命世界的推理形式越來越多地應用到人類和社會世界。1920年代後期，早期的批判理論家已經看到，實證主義的工具理性，讓人們對於科學在社會中所扮演的角色，以及對於科學自身本質的看法感到自滿。科學的角色被視為是技術性的──其任務是提供工具理性，為解決產生特定結果的技術問題提供了方法和原則；而科學自身也已變成了「教條主義」，相信自己已經解決了真理本質的根本性問題，並把認識論領域限縮成科學哲學。批判理論家們認為，科學已經成為了科學主義（scientistic），相信科學擁有著能回答所有重大問題的至高能力。

在現代科學的自滿氛圍下，批判理論家預見現代社會有著一個巨大的危險：即理性終結的危機（the threat of the end of reason itself）。理性被技術所取代，而對社會的批判性思考則被科學主義的教條（scientistic rule）所取代。隨著自然科學的成功，這創造出了一個情境（conditions），使科學家對想像力的探索不知不覺地變成與既有的思維方式一致。科學已經成為一種意識形態，成為一種由文化產生和社會支持，未經審視的看待世界的方式，並塑造和指導著社會行動。因此，科學的角色已經成為藉由提供「客觀事實」來證明某行動過程是否正當的社會行動。而關於這些行動過程的價值問題，則因被認為超出了科學的範圍而不被審視。科學結果僅是區辨行動方案中效率的高低，並解釋結果是如何發生的，至於該結果應不應該被允許發生，則不被考慮。科學不再是對社會生活的本質和行為持續不懈地探求，反而陷入了將既有的社會生活形式視為理所當然，並僅僅只回應處理「技術性」問題的危機中。

故此，批判理論建構之任務，需要從早期哲學中，恢復其獨特地關注於人類價值、判斷和利益的社會思想要素，並將其融合成一個能提供全新且合理（justifiable）的社會科學取向的思考框架。在進行這項任務時，批判理論家回到亞里斯多德的「**實踐**」（*praxis*）的概念，認為其是「行動」（doing）而非制作（making）。亞里斯多德認為「實踐技藝」（practical arts），例如倫理學、政治學和教育學，都不是嚴格意義上的科學。相反地，正是由於它們的實踐意圖和內容本質（the nature of their subject matter），就不得不採用一種不確定和不完整的知識形式。在這些領域，理論專指實踐（*praxis*），而需要被培養的性格則是**實踐智慧**（*phronesis*），即對於在實際情況中應該做什麼的審慎理解力（prudent understanding）。隨著現代科學的興起，特別是在十九世紀後半葉，這種古典的實踐理論概念作為培養個人品格的過程已經發生了巨大的變化，曾經被認為是個人啟蒙的手段已經由於實證主義方法論的禁止，而淪為其犧

牲品。到了1970年代，「理論」開始意味著如法則般（law-like），可以用來做出預測的推論（generalizations），可以在適當的變量被操縱的情況下，產生想要的結果。從這個意義上講，「實踐」領域已被吸收進「技術」領域之中，而關於如何「正確生活」（right living）的種種問題，被轉化成根據某些既定價值來調整社會安排（social arrangement）的技術性問題。

對於批判理論家來說，這種轉化所帶來的主要損失，就是關注於實踐的「理論」觀點，被把實踐理解為技術性過程的「理論」觀點所取代了。如此一來，倫理範疇在理論論辯中的正當性就被消除了，而理性能產生啟發性行動理論（theories of enlightened action）的潛力也不再被認真考慮。現在理性（rationality）已經被澈底地定義為符合科學思維的規則，因此被剝奪了其所有的創造性、批判性和評估性的能力。

而與此同時，批判理論家也承認，並非所有科學發展的影響都是消極負面的。從積極面來說，將客觀知識的嚴謹概念引入人類和社會生活的研究被認為是一大收穫。鑒於認識到科學的此一重要貢獻，批判理論的主要困境是發展出一種能夠結合實踐意圖所引導的古典**實踐**觀點，與現代科學的嚴謹性和解釋力的社會科學概念。就像實證主義過去試圖透過堅持與自然科學的邏輯一致，好把社會科學從哲學中拯救出來一樣，批判理論則是試圖透過保存古典「實踐哲學」中，關注人類生命固有的品質與價值，來把社會科學從自然科學中拯救出來。而找出一個可以完成這此一任務的後設理論（meta-theory），是當代最重要的批判理論家之一──哈伯馬斯（Jurgen Habermas）的主要任務。哈伯馬斯問道：

> 我們該如何才能獲得某種澄清，其在實踐上具有必然性，又在客觀上具有可能性？這個問題可以轉換回我們的歷史背景中：一方面，古典政治的承諾，即在特定情況下為如何正確與恰當地行動提供

實踐取向的指引，如何能夠在不放棄現代社會哲學所要求的科學知識的嚴謹性下獲得實現呢？另一方面，社會哲學（social philosophy）的承諾，即對社會生活的交互關係進行分析，又如何才能在不放棄古典政治的實踐取向下獲得實現呢？[6]

在試圖對這些問題提出答案時，哈伯馬斯在其著述中[7]發展了一種介於「哲學與科學」之間的批判社會科學的觀點。下面我們將探討關於這個觀點的形成過程。

二、哈伯馬斯的批判社會科學

在發展他的批判社會科學理論時，哈伯馬斯的主要攻擊目標之一，是認爲自然科學和社會科學在邏輯和方法上應該統一的實證主義信念。對於哈伯馬斯來說，這只是「科學主義」，即「科學對自身的信仰」的又一個例子，藉著把所有知識都當作自然科學的知識來評估，使得把科學僅僅理解爲眾多知識形式當中的一種，成爲不可能的了。爲了說明認識論與科學之間的關係應該反過來才是適當的關係，以及爲何科學應該是透過認識論來被證成而非相反。哈伯馬斯批判地審視了這種實證主義式的知識理解是如何被正當化的。在他的考察過程中，他闡述了一種能從兩個具體方面動搖「科學主義」的知識理論。首先，透過嘗試說明科學如何只是提供了眾多知識中的一種知識，哈伯馬斯試圖駁斥所有關於科學可以界定標準，即所有知識都是可以測量的這種主張。其次，爲了駁斥科學提供了一個客觀或中立的現實的主張，哈伯馬斯試圖揭示不同類型的知識是如何被它們所服務的特定人類旨趣所塑造的。

哈伯馬斯把他的知識理論稱爲「知識構成的旨趣」（knowledgeconstitutive interests）的理論。他會這樣命名是因爲他拒斥一種想法，即知識是由某個「無欲無求」（disinterested）的知識主體（knowing subject）「純粹的」（pure）心智行動所產生的。知識從來就不是一個與人類關注的問題脫節的「心智」（mind）的產出結果。相反，它始終是建立在人類自然需要，以及歷史和社會條件所塑造的旨趣基礎之上的。事實上，如果沒有這些併入在人類這個物種中各種各類的需求與渴望，人類根本就不會有獲得知識的興趣。

對於哈伯馬斯來說，知識就是由自然的需要和興趣驅動的人類活動的結果。他稱之爲「知識構成的旨趣」，因爲它們是引導和塑造不同人類活動中知識構成方式的各種旨趣。根據哈伯馬斯的觀點，這些「知識構成的旨趣」是「超驗的」或「先驗的」（*a priori*），它們是任何認知行動的先決條件，構成了思想的可能模式。而透過這些思想，現實才得以被構成，並使得人們得以再對現實採取行動。

哈伯馬斯認爲，人類的知識是由三種知識構成的旨趣所構成的，他把它們稱爲「技術」、「實踐」和「解放」旨趣。其中第一種是**技術**旨趣，即獲取有利於增加人們對自然物體的技術控制的知識的旨趣。這種旨趣所產生的知識通常是以科學解釋的形式出現的工具性知識。然而，哈伯馬斯說這種知識與技術的旨趣有關，這並不意味著他認爲，人們對這種知識的追求總是源自於對其技術性應用的關切。反之，這種知識所採取的形式反而需要展現出一種「客觀無私」（disinterested）的態度。甚至，他很快指出，技術旨趣產生了許多現代工業和生產過程所必須的知識，如果人類仍想要享受生產所帶來的物質回報，這種知識仍然是十分必要的。因此，哈伯馬斯並不是想要詆毀技術性知識的價值，而只是拒斥任何把它認爲是唯一正當的知識類型的主張。

爲了拒斥此一主張，哈伯馬斯就論到，像「溝通行動」（communica-tive action）象徵性結構化領域的知識就無法化約爲科學知識。欲理解他

人就必須掌握構成社會現實的社會意義。而根據詮釋學的傳統，哈伯馬斯認爲詮釋（Verstehen）方法所提供的知識，是有助於理解和闡明有意義的溝通與對話的必要條件這個「實踐旨趣」的。從這個意義上講，「實踐旨趣」是以詮釋性理解的形式產生知識，並對實踐判斷提供資訊與引導的。

　　但於此同時，哈伯馬斯也認爲詮釋取向的方法不能爲社會科學提供完全充分的基礎。因爲，任何把社會科學縮減到主觀意義的解釋都不能認識到，表徵社會生活的主觀意義本身，是受那些限制了個人意圖範圍與其實現可能性的客觀環境的制約的。因著採取這種自我理解的流程，但又不對理解內容進行批判的認識論，詮釋取向並無法對現有的溝通形式被主流社會、文化或政治情境系統性扭曲的程度進行評估。

　　這意味著只有在異化（alienating）的情境得到承認和消除之後，溝通的「實踐」旨趣才能被充分地追求。哈伯馬斯認爲，理性自主和自由是人類的一項基本旨趣，它需要能發生非異化的溝通和互動的知識和物質條件。這種解放旨趣需要超越對主觀意義的狹隘關注，以獲得讓溝通和社會行動得以發生的客觀框架的解放性知識。而批判社會科學主要所關注的，正是這種解放性知識。

　　哈伯馬斯認爲，每一種知識構成的旨趣都是以某種特定的社會組織或「媒介」的方式出現的，而每種旨趣所產生的知識都會產生出一種不同的科學。因此，哈伯馬斯的分析最終得出了三種關於「旨趣」、「知識」、「媒介」和「科學」的模式，可以用以下圖表來表示：

旨趣	知識	媒介	科學
技術	工具性（因果關係）	工作	實證分析或自然科學
實踐	實踐性（理解）	語言	詮釋或詮釋科學
解放	解放性（反思）	權力	批判科學

因此，「批判社會科學」就是服務於對自由和理性自主的「解放」旨趣的科學。但是如果像哈伯馬斯所承認的那樣，自我反省和自我理解可能會被社會情境所扭曲，那麼人類自我解放的理性能力，只有透過能闡明及揭露如何消除這些情境的批判社會科學，才得以實現。因此，批判性的社會科學將試圖提供個人一種覺知（awareness），這種覺知能讓他們知道自己的目標和目的是如何可能會被扭曲或壓制，並指出如何消除這些扭曲與壓制，從而能夠理性地追求其真正的目標。從這個意義上講，批判社會科學將能提供一種自我反思的理解，使個人能解釋為什麼他們所處的社會情境是充滿阻礙的（frustrated）；並將能夠建議如果欲消除這些阻礙的根源，所必須採取的行動。

因此，哈伯馬斯闡述批判社會科學觀點的嘗試，可被看作他試圖調和對「詮釋性」理解和因果解釋之重要性的認可。例如：雖然哈伯馬斯接受了詮釋性的觀點，即社會生活不能用普遍化（generalizations）和預測的方式來解釋，但他也接受主觀意義的根源是外於個人行為的，因此個人的意圖可能會受到社會的限制，或被外部具操弄意圖的機構（manipulative agencies）所定義。因此，批判社會科學必須試圖超越「詮釋」取向傳統上的關注點，即產生一種未經批判的自我理解，從而使自我理解扭曲的原因得到澄清、解釋和消除。對消除扭曲自我理解的情境的這種旨趣，表明了批判社會科學超越了詮釋社會科學只滿足於使內容具有啓發性，而非克服社會問題和議題的傾向。藉由整合了詮釋性和因果性的範疇，哈伯馬斯試圖產生一種可以指出個人為何會具有扭曲的自我理解，以及該如何加以糾正的批判社會科學。

然而，在使用因果解釋上，哈伯馬斯並沒有返回到實證主義對社會行為的思想上，認為其是在人類意識範圍之外發生的某種自然事件。相反地，實證社會科學如法則般的各種規律（law-like regularities）僅被視為結構施加限制的證據（evidence of structurally imposed constraints）。批判社會

科學的工作是藉由讓這些施加限制的因果機制對被其影響的人們透明化來消除這些限制。因此，批判理論的「批判」並非僅僅是在對當代社會安排表示不贊成，而是試圖提煉（distil）出使得主觀意義被系統性扭曲的歷史過程。

而詮釋（Verstehen）的方法對於這個任務是不夠的，因為它沒有提出能描繪社會生活本質問題的批判基礎。自然科學的假設－演繹方法（hypothetico-deductive method）也一樣是不夠的，因為它僅只假定一個既定的社會現實的客觀必要性。哈伯馬斯認為，我們要的是一種方法，它能將個體從那些扭曲溝通和理解的社會過程的因果效力中解放出來，從而使得他們能對被壓制的可能性和對解放的渴望進行批判性的重建。順著馬克思（Marx）的想法，哈伯馬斯認為批判社會科學所需要的方法就是**批判**（critique）。馬克思曾經說過：

> ……我們不是以教條主義的方式來預見世界，而是希望透過批判舊世界來找到新世界；……即使未來的建設和其完成不會是我們這一代的任務，我們現在所必要完成的任務卻變得更加清楚：**對所有既存條件無情的批判**，不懼怕它所發現的東西，也不懼怕與權力的衝突。[8]

馬克思認為，透過這種批判，人類可以從既定的思維方式與社會生活形式的支配和強制中解脫出來。這樣做可以使人類從政治壓迫，以及使此壓迫具有正當性的思想中解放出。批判社會科學認識到批判的重要性，把注意力集中在那些壓抑著（subjugate）人們，並使得某些人無法獲得令人滿意和有趣的生活來服務另外一群人的利益的社會生活形式上。但是，其特別關注的是背後支持這些壓抑的思維方式；不論是支持使一個階級受另外一個階級的壓迫，還是支持使這種壓迫看起來是沒有問題、不可避免、無關緊要（incidental），甚至是合情合理的思維方式。

　　哈伯馬斯在把馬克思主義的「意識形態批判」概念引入批判社會科學的同時，也大量使用了精神分析的方法論程序。他特別借鑑了自我反思的精神分析方法，藉由患者自我形成的過程（self-formative processes），使得他們能意識到那些阻礙了他們對自己及其行爲的正確理解的扭曲。在精神分析中，批判的目的不僅僅在於理論家能夠理解或解釋個人，而在於使個人能夠透過轉型過的（transformed）的自我理解，以不同的方式來詮釋他自己和他所處的情境，來改變那些壓抑的情境。批判的目的就是提供一種治療自我知識（therapeutic self-knowledge）的形式，透過一個批判的自我反省過程，將個人從其過去不合理的強制（irrational compulsions）中解放出來。

　　精神分析試圖透過揭示個體自我形成過程的歷程，來揭示造成這些扭曲理解的原因，而批判社會科學則是試圖找出造成意識形態中社會群體集體性誤解（collective misunderstandings）的原因。哈伯馬斯認爲，社會群體（social groups）無法對自己的處境有正確的理解，因爲在意識形態思想體系的推動下，人們會被動地接受了對現實的虛幻解釋，並使他們無法認識和追求共同的利益和目標。因此，批判的目的是向人們揭示他們的諸多信念和態度如何可能只是意識形態上的幻象，而正是這幻象幫助維護了一個與他們集體經驗與需求異化了的社會秩序。藉由展示意識形態如何得以產生出錯誤的自我理解，意識形態批判的目的就是揭露其虛假的性質並除去其力量。

　　除了揭示意識形態如何隱瞞思想和信念內在的矛盾和不足，意識形態批判也試圖去展示這些思想和信念如何同樣地指示出人們的真實利益，從而暗示著基於他們真實意義的一些其他的自我概念。從這個意義上說，意識形態批判試圖向人們展示即便是他們的錯誤自我認識，也變相地表達了他們真實的需求和目的。批判社會科學的任務之一，就是使隱藏在人們被扭曲的觀念中的真實自我概念顯露出來，並建議當前自我理解中的矛盾和

不足之處可以如何被克服。因此，批判社會科學的基本特徵是：

> ……它顯然植根於具體的社會經驗，因為它……是以克服不滿情緒為主旨的。因此，它命名那些指使他們的人；它分析他們的痛苦；它為他們提供了啓發，讓他們了解他們真正的需求和需要；它向他們展示了他們對自身的觀念是怎樣錯誤的，同時也從這些錯誤的觀念中汲取隱藏在其中關於他們自己的真相；它指出那些固有且矛盾的社會條件，其既造成了人們具體的需要，也同時使得這些需要不可能得到滿足；它揭示了這種壓迫（repression）過程運作的機制，並為了改變這種社會情境，提供可以干預和改變這些阻礙人們的社會過程的行動模式。批判社會理論是源起於日常生活的問題，並在帶著解決這些問題的意圖中被建構起來。[9]

哈伯馬斯試圖發展這種批判社會科學並非沒有遭遇困難。最常見的一種批評，是他沒有清楚且詳細地提出關於批判社會科學的認識論基礎，特別是闡明關於批判社會科學所得出的解放性知識（emancipatory knowledge），是如何可以被接受或拒斥的理性標準。更明白地說，批評者是要批判社會科學表明，它所謂的能獲得關於社會生活的「眞實」詮釋，如何不會流於「菁英主義式」的做法，讓批判社會科學家用他自身的規範性偏見，來武斷決定理解的對錯。對這個問題，一位批評者這樣說：

> 哈伯馬斯對這些由技術和實踐旨趣為引導的學科以及由解放旨趣為引導的學科的分析，顯然缺乏了對稱性（symmetry）。在前兩者中，哈伯馬斯主要關注的是所涉知識類型的*形式*條件（formal conditions）。例如：他宣稱實證分析科學是被技術旨趣所指引的……其在科學研究過程中哪些理論系統會被證成或證偽的問題上並不會帶有偏見。又如：他宣稱歷史詮釋學科與實證分析科學的不同之處……不會使得我們在相互競爭的詮釋之間進行判斷的問題上帶有偏

見。但對解放旨趣和它所指引的學科方面，就不僅僅是形式的，它還是實質性和規範性的。它本身就規定了我們對社會的研究和社會本身的目標應該是什麼——即人類解放（human emancipation）。哈伯馬斯似乎是藉由把自我反思與批判偽裝成理性的客觀分析，偷渡了他自己的規範性偏見。但其實他的主張是一種無法透過訴諸理性與知識的形式條件來證成的實質規範性理論（substantive normative theory）。[10]

因此，哈伯馬斯所面對的重大問題，就是要闡明一種認識論架構，使得批判社會科學理論可以成為比其欲取代的那些受意識形態扭曲的詮釋還要「更好」或更「正確」的詮釋。簡言之，這項任務就是提供一套理性的標準，使得批判社會科學可以為其自身的程序做辯護。哈伯馬斯對此的回應是轉向對語言的分析（an analysis of language）。尤其，他認為從一般言談（ordinary speech）和論辯（discourse）的分析中，可導出一個能證成批判社會科學可以成為一個可行與理性學科的規範性基礎。

為此，哈伯馬斯提出了溝通能力理論（theory of communicative competence），從某個程度上說，它是一種自我實現的倫理學理論（an ethical theory of self-realization）。這類理論的特徵是，它們試圖展示不論對人們現在是怎樣的論述，就為人們應該是怎樣這類道德問題提供了答案。像亞里斯多德、黑格爾和馬克思，這些彼此差異如此巨大的哲學家們都認為，任何把「人是怎樣」與「人應該是怎樣」（即把描述現況與指引未來〔description and prescription〕）分開的，都會帶來誤解和混淆。在任何一個歷史時刻，理解「人是怎樣」總是要捕捉人在現在處境中即將出現的潛在過程（underlying process），並據此努力轉變自己以實現其真正的「潛能」或「本質」。哈伯馬斯的溝通能力理論，是一種將人類理想的源泉轉化為語言（language）和論辯的自我實現的倫理學理論。因為哈伯馬斯理論的目的是試圖確立在人們的日常言談中，是如何內蘊與預期著一種

理想的生活形式的概念，以及確立如何在這種理想生活形式的概念中，實現解放旨趣所欲達成的那種理性自主（rational autonomy）。因此，溝通能力理論實際上是試圖說明，解放性知識的規範性證成是如何嵌入到溝通行動的結構中，而這個溝通行動的結構，就是批判社會科學欲分析與探索的。

　　哈伯馬斯主張的核心，就是對言談（speech）或「溝通行動」（communicative action）與論辯做出的區辨。哈伯馬斯借鑑了語言分析哲學近期的發展，認為所有的言談都隱含地假定了對規範的遵守；認為這些規範正在被遵守；以及認為這些規範是可以被證成的。若沒有上述這些共識，那麼在言談中那些被視為理所當然的規範的存在就是有疑異的。而只有在**論辯**中，隱含在言談中之規範的存在才會被質疑。因此哈伯馬斯說：

> 論辯有助於檢驗那些不再被講者認為是理所當然的意見（和規範）的真理性宣稱（truth claims）。在論述中，論證（argument）的「力量」是唯一可被允許的強制力，而合作地追尋真理是唯一可被允許的動機……。論辯的結果是對有疑異的真理性宣稱的認可或拒絕。論辯所產生的只會是論證（argument）。[11]

那些在言談中被天真地接受，但在論辯的論證中被視為主題的宣稱（claims），涉及了四種**有效性宣稱**（validity claims）。首先，被宣稱的內容乃是**真的**；其次，其表達的方式（utterance）是**可被理解的**；第三，講者是**真誠的**；最後則是講者正在進行言談行為的這件事是**正當的**。由於這些有效性宣稱只能透過論辯的方式來被審查和測試，因此論辯的目的，是想要僅僅透過論證，來達成對言談中那些被預先接受的有效性宣稱的理性評估（a rational reassessment）。因此，在合適的論辯架構內達成的任何共識都可以被視為真正的共識。

現在這種把眞理的概念看作是由共識決的（consensual）想法，引發出了爲何以這種方式達成的共識就應被視爲理性共識的問題。哈伯馬斯的回答認爲，「理想言談行動」的概念是內蘊在所有言談中的，而從此概念中我們可以導出欲達成理性共識所需的那種「理想言談情境」（ideal speech situation）。因此，他認爲：……理想言語情境的設計必然隱含在潛在言談的結構中，因爲所有的言談，甚至是有意的欺騙，都是以眞理的觀念爲導向的……只要我們掌握了構建理想言談情境的方法，我們就可以得出眞理、自由和正義的觀念……[12]

　　那麼，指望要有「理想言談情境」這件事，就會被所有言談所預期，從而提供了使論辯中達成的任何共識都是理性的和真實的那些必要條件的形象。

這些條件可以使得參與者的眞正旨趣得以浮現；使得論證可以在沒有任何外部壓力的情況下進行；使得其中唯一的強制力（compulsions）就是來自論證本身的強制。簡言之，理想言談情境需要民主式的公開討論，使得觀點和論證不受壓迫；參與者免於任何控制、操弄和宰制的威脅。換句話說，從壓制性的扭曲中解放，以及對於批判社會科學所試圖培養的理性自主（rational autonomy）的追求，本身就是被「溝通行動」所預期和預設的，而溝通行動就是這種批判社會科學所試圖要分析和解釋的對象。因此，隱含在批判社會科學所處理（addressed）的對象（object）之中的，是使得任何以解放旨趣爲引導的科學都可以被證成的規範性要求（normative requirements）。對自由且開放的溝通是可能的生活形式的追求，並不是一種在外部或機械上依附於批判社會科學的一種隨意的規範或政治立場。它僅只是一個對尚未實現，但在語言的活動（activity of language）中已被指望和被預期應該有的理想的明確認可而已。

上述的討論中有一個隱藏的意涵不應該被錯過：就是講述眞理的條件

同時也是民主討論的條件。從某種意義上說，上面這個講法在科學理性討論的目標中一直是真實的：在自由辯論中，真理性宣稱總是被認為應該是要公開接受挑戰的，只有較好的論證才能占上風。但很少有學術討論是真正開放或自由的；事實上，學術討論很少接近這個理想。但由哈伯馬斯所指出，關於真理與社會正義之間的聯繫是很有說服力的。哈伯馬斯的許多作品的英文譯者麥卡錫（Thomas McCarthy）在下面這段話中總結了哈伯馬斯理論的這個特點：

> 參與並試圖透過論辯的行動，來就有疑異的陳述的真實性或有疑異的規範的正確性達成協議時，其本身就已預設，達成真正的協議（genuine agreement）是可能的。如果我們不認為有一個能被證成的共識是可能的，是可以從某種程度上與虛假的共識區別開來的，那麼論辯的意義，甚至是言談的意義就會受到質疑。在試圖就這些問題達成「理性的」決定的時候，我們必須假定，我們討論的結果將僅僅是更好的論證的力量的結果，而非討論中那些意外的或系統性的限制的結果。哈伯馬斯的論點是，只有當所有的參與者在選擇和使用言談行動上的機會都是相等時，這個（溝通）結構才是不受系統性限制影響的。更準確地說，所有參與者都必須擁有相等的機會來發起和延續論述，提出質疑，與給出理由來支持或反對各種主張、解釋、詮釋和證成；此外，他們還必須有相等的機會來表達態度、感情、意圖和喜好；以及有相等的機會來表達指揮、反對、允許和禁止等。換句話說，理想言談情境的條件必須確保討論不受任何主流限制（constraints of domination）的影響。因此，理想論辯的條件與理想生活形式的條件是相聯繫的，它們包含了自由和正義的傳統觀念的語言概念（linguistic conceptualizations）。因此，「真理」無法獨立於「自由」和「正義」之外而被分析。[13]

　　哈伯馬斯自己也承認，其溝通能力理論本身並非是一個完成品，而是一個理論課題的起頭，還需要相當多的發展和詳盡的闡述。因此，哈伯馬斯所提出的應該被看作是建議性的和暫定性的（suggestive and tentative）觀點，而非毫無爭議和完成的觀點。儘管如此，哈伯馬斯的著作依舊包含了許多對於理解理論與實踐關係的重要洞見，尤其是他試圖建立一個關於知識、正義、行動和理性的大一統理論，而這個理論提供了構建具有「實踐意圖」的社會科學的根基，而這就是我們在下一節中所要討論的主題。

三、理論與實踐

　　重要的是要將**批判社會科學**與**批判理論**兩者加以區辨，批判理論是批判歷程的產物。在多數或絕大多數的狀態下，此類理論創生自個人或群體企圖揭露理性或社會行動正當性中存在矛盾的過程。很多批判理論都是由個人或群體為了要突顯社會生活中的矛盾而做的詮釋。在這種意義上，批判理論便可能是詮釋性社會科學的結果，其所受到的批評就如同其他詮釋理論一樣。尤其是這樣的觀點可能會受到的批判是，他們的意識轉變（看待世界的方式）並沒有非得改變世界不可的決心。

　　由哈伯馬斯發展出來的批判社會科學概念則是一種克服這種限制的學門。對哈伯馬斯而言，批判社會科學是整合的批判歷程，企圖克服理性中的矛盾和尋求正義的社會行動與制度之政治決斷。它是超越批判實踐的批判：也就是行動者的「啟蒙」（enlightenment）直接來自承擔自身的轉化性社會行動的一種實務形式。這需要反省的辯證性歷程，將理論與實務視為反省性與實務性的重要元素進而整合，以及是群體為了解放目的而進行的啟蒙與政治鬥爭。

　　因此，就批判社會科學的角度來說，理論與實務的關係並非只是基於

理論而做的開處方工作或是為實務判斷提供資訊而已。事實上，它極力主張整合為一體的優先性，或是兩者（理論或實務）間明確地彼此鑲嵌。在《理論與實踐》（*Theory and Practice*）一書中，哈伯馬斯藉由討論「啓蒙的組織」（the organization of enlightenment）釐清了這樣的關係。啓蒙的組織，是藉由理論觀點與實務的迫切需求彼此相互串連的社會歷程。要達到此目的，他區分出能扮演批判社會科學中理論與實踐間中介關係的功能：

> 採用先前區分的三種功能來說明，理論與實踐的整合才能加以釐清，這三種功能各自有不同的評估規準：第一個是，能經得起科學論述檢驗的眾多批判理論之形成與推廣；第二則是啓蒙歷程的組織，這歷程組織中應用理論並且藉由實踐團體中採取的反省歷程來加以測試；第三個則是適切策略的選擇、特殊問題的解決方案，以及採取行動的政治鬥爭。第一種，其目標是追求真實的描述；第二種，尋求誠真的洞見；第三種則是審慎的決定。[14]

故，致力於啓蒙實務與實務工作者的社會科學必須在媒合理論與實務的三種功能上加以區辨。第一，它的理論要素與方法是如何發展與測試出來的；其次，它對啓蒙組織的歷程；三是，它對行動組織的歷程。三種功能分別有評估的規準。有人混淆了這三者，或是要用單一的規準評估三種功能，都是誤解了旨在啓蒙實務與促使社會及物質境況改善的批判社會科學作為自我反省的學門之歷程。

我們很可能有這樣的困惑：實證主義社會科學已使「眞理」成了一種獨特習慣（shibboeleth）——彷彿它是在社會生活之外，可以在眞正實際問題發生時，客觀地判定並指導實務要怎麼做比較好，毋須了解人文的、社會的、經濟的、政治的、歷史的與實務上的各種限制。這種取向的社會科學應用「眞理」或「客觀性」的單一規準來對實踐行動下結論。另一方面，詮釋取向的社會科學則有另外的獨特習慣，藉由行動者自身的理解與

處境所獲知的知識來進行實踐判斷，因此應用了眞實知識的單一觀點而對行動下結論：意在改變行動者的意識，而非改變實務，因爲它無法對實踐時的境況提供系統性的批判。

批判社會科學認爲社會科學是人性的、社會的與政治的，它之所以是人性的，是因爲其涉及了社會生活實踐中的主動認識。它之所以是社會的，因爲它藉由溝通與互動的動態社會歷程而影響了實踐。而它無可避免地說是政治的，因爲任何吾人所採取的行動都仰賴於我們認識社會與改造社會的特定狀態，而這狀態是受到控制的。因此，批判社會科學需要有關社會生活的政治理論，同時，也要能了解社會生活歷程及其受到的影響。而批判社會科學的政治理論是民主的，且植基於哈伯馬斯的溝通能力理論，尤其是用以指導決策的理性溝通觀念，是藉著行動的各種不同的理性論辯來決定，而非由權力來決定。

我們可以從理論的內容觀點、其評估的規準，以及各自可成功實施的先備條件，來區分批判社會科學結合理論與實務關係的三種個別功能。

第一種功能是可以支持科學性論述的**批判理論之形成與推廣**。批判理論是社會生活的行爲與特徵之預設前提，比方說，「學習需要學習者主動參與，以建構與控制學習者的語言與活動」，或是「合作教學只能在課程內容與教室實務不斷協商的情況下發展起來」。因此，規準是這樣的敘述必須是**眞實的**，也就是批判理論必須在相關情境所蒐集到的證據當中加以分析且經得起檢驗，這種預設的眞實性檢驗只能在**論述自由**的情形下才得以進行。

第二種功能是**啓蒙歷程的組織**。啓蒙歷程的組織應用了批判理論，在群體採取行動與反省中，藉由啓動反省歷程，並以特定方法加以測試。啓蒙的組織即是群體學習歷程的組織；事實上，那是系統性學習的歷程，目的是爲了發展有關特殊狀態或考量某些因素的實務方面之知識。啓蒙的組織是人文的、社會的與政治的活動；這裡，判準是能否讓群體及其成員

是可溝通的（communicable）且是眞誠的（authentic）（也就是說，他們是相互理解的）。啓蒙組織的歷程需要成員可以全然地小心謹慎，並且*確保在心理分析模式的治療性論述中可以不受限地溝通*。換言之，他們必須致力於達到實務工作者自身所知的那樣了解（不受不正當的說服或強迫所驅使），且讓每個人都有機會提問、質疑、確認與否定有效的宣稱（可理解性，眞實性，誠眞性，合宜性），並在自我反省的對談中測試自己的觀點。

　　我們可以在那些爲了共同了解的團體當中找到啓蒙組織的具體例子。以當今的學校爲例，學校教職員會議主要是要檢視學校課程的發展，最初以學習社群的形式構成，主要任務便是學習有關課程的本質與推動的各種成果。一旦他們著手這項任務，便會開始組織其自身。但他們首要的任務是啓蒙：組織自身用以學習課程脈絡與過去經驗。雖然很少有學校能做到如此，但學習要在整個團體審視過程中獲致眞正的未被扭曲的啓蒙，他們就必須要讓所有的成員都在經驗與理解中參與（本眞性），允許他們公開自由地溝通（相互理解），發展共同一致的行動（最後的要素是語言方面的重要面向——即能引導成員邁向共同目標）。這種歷程的關鍵層面在於，所有在場者都能藉由提問與建議平等地參與，有平等的機會可以提出與驗證有效的宣稱。畢竟，若所有的成員無法完整地參與討論，就不可能得到一個眞正能代表群策群力的最佳結論。若只是少數人參與，只會有少數人理解，那麼宣稱這樣的理解代表群體全部的意見，便會是空談。

　　第三種功能是**行動的組織**（或以哈伯馬斯的話來說，是「政治鬥爭的行爲」）。這包括了選擇合適的策略、對特定問題的解決方案，以及實際行動本身。「實作」，在回顧中反省，並且在先前反思的基礎上獲得未來可能性的指引。行動組織的判斷規準是，**決策必須經過深思熟慮**；也就是決策必須能確保執行者不會再冒其他沒必要的險。這需要那些執行者參與到實務的討論當中，以及參與那引導行動的決策歷程，而他們是**自**

由承諾地參與這樣的行動。「此處即如，」哈伯馬斯所指：「人人都能平等地接近真理」（there is no privileged access to truth）。[15]

回到前面的例子，當學校教職員的聚會開始將他們的學習從啓蒙的組織移轉到實務之時，我們便能確認這就是行動的組織。之所以稱它們爲啓蒙的組織，便是因爲它們的論述是理性的與誠真的：所以人們才能公開且自由的發言，也因此，作爲個人，他們可以理解彼此所言何意，以至於透過使用的語言可以相互理解，也能發展出方向一致的行動。一旦教職員們開始決定要做什麼，或有所更動時，規準就變得相當重要。它自身之所以成立，不僅僅是能提供公開的論述，也必須能導向行動。真正做決策時，可能滿足了部分教職員的利益，犧牲了其他教職員的利益，這些利益同時也會與外部團體的利益有所扞格（例如：學生或家長）。在真實情境中，做出有所取捨的決策勢必威脅到團體的整體性。行動必須要相當謹愼小心地決定：成員必須要同意遵守民主的團體決策，也要能在其自由承諾的情況下確保行動的執行。這種情形只會在已經是公開且理性歷程的啓蒙組織中，以及團體決策歷程已經是民主的情況下產生。顯然，要達到這種共同承諾，行動要相當審愼。否則，團體面臨的困境將會是在其共同計畫難以成功。

很明顯地，批判社會科學的知識論是建構主義式的，透過參與者參與其中的理論與實務之主動建構與重構的歷程來發展知識；這需要對等的溝通（symmetrical communication）（理性討論的歷程，主動尋求克服單方面的強制與對他者的自我欺騙），這也涉及到政治行動的民主理論，這理論立基於社會行動的自由承諾與哪些需做及哪些必做的共識。簡言之，這不光是有關知識的理論，也是知識如何連結到實務的理論。

批判社會科學也明顯是有關社會實踐的（有意識的做或是策略性行動〔informed doing, or strategic action〕）。它是要由一群自我反省的團體藉由他們有組織的自我反省而來組織其實務工作的社會科學。或許，這是

我們在這最後一小節看到批判社會科學與實證或詮釋的社會科學最大的分野之處。批判社會科學是要求在研究社會行動的研究者參與其中的反省歷程，而非參與者變成研究者。採取（像）自然科學的中立「客觀」研究者，或是詮釋性科學的同理觀察者（empathetic observer），雖有助於組織的自我反省，但他們還是以「局外人」的身分出現，也因此只能觀看到行動的外圍表象，而不是將之視為社會系統，或是視作不斷賦予行動的經驗（re-enacted experience），如哈伯馬斯（1974）所指：

> 理論上無可避免地，那些啟蒙他人的人站在比被啟蒙者更為高一等的位置，但同時它也是不切實際的（fictive）且要自我修正的：因為在啟蒙歷程中只有參與者。[16]

然而，批判社會科學是否滿足本章一開始所指的教育理論的五項要件？首先，批判社會科學取向的教育研究，並不接受實證主義的理性、客觀與真理等觀念，它將真理視為歷史與社會交織的，而非存在於歷史之外的，並且關心在真實社會情境中的研究參與者。再者，它不會只有想解決問題的技術性興趣，而是將社會科學的行為本身當作解放研究參與者的機會。

其次，批判社會科學仰賴研究的詮釋與意義：批判理論的用語建基於語言與自我反省社群的經驗，並且滿足真誠與可溝通性的規準。第三，這樣的社會科學開啟了自我反省的歷程（啟蒙的組織），其主要目的是為了區辨哪些觀念與詮釋是意識形態的或是遭到系統性扭曲的。第四，批判社會科學應用批評的方法，去鑑別與揭露研究參與者無力控制且理智上難以改變的社會秩序面向，而它的批判理論與行動的策略性組織致力在闡明或克服理智變化的種種限制。最後，批判社會科學是實務的，主要為了協助實務工作者能有意識地對他們需要去克服的困難與消除的挫折而採取的行動。

四、結　論

　　本章速覽了批判理論與哈伯馬斯論點的全貌，尚未能提供其理論的各種細節。因此，難以回應這個取向受到的各種批評，尤其是涉及到複雜的哲學議題。[17]然而，還是有些批評值得一提。第一點，哈伯馬斯倡議的詮釋性社會科學受到詮釋學大師嘉達瑪（Hans-Georg Gadamer）一派的強烈抨擊[18]。基本上，爭論的點在於詮釋學的理論並不像哈伯馬斯等人所稱的如此侷限，而傳統詮釋學方法是了解社會生活最適切的方法。第二點，哈伯馬斯仍有些論點立場是模稜兩可的，像是有關知識構成旨趣。[19]這些旨趣只是偶然的經驗旨趣，或者它們是超驗的？超乎人類歷史經驗的？若只是偶然，它們可能容易隨社會變遷而改變（故非本質性的）。若它們是超驗的，這類的知識又如同哈伯馬斯批評康德超驗範疇知識所稱的，而非哈伯馬斯能樂見的狀態。其中一項批評，哈伯馬斯本人後悔引介了純粹範疇式區分，用以駁倒其他範疇知識的分野。[20]

　　最後，最為人熟知的批評是，哈伯馬斯未能具體地以實例說明批判社會科學，而僅是討論其可能性，伯恩斯坦討論批判社會科學時，便提出這樣的結論：

　　　　若要實現一個發展有實務意圖的批判理論之承諾，就可能不會出現由解放旨趣所指導的自省觀念。並不足以發展意識形態的批判，且當今社會有著打壓實務論述的明顯傾向，並強迫所有理性思維都成了工具理性的形式。甚至不足以顯示，批判理論能促成進一步的啓蒙並影響政治人物（political agents）⋯⋯所有的歷程都是必要的，但實務論述的一項重要觀念——要求個人投入於理性意志形成的論證之中，恐怕很容易流於「純粹」（mere）理想而已，除非所有物質狀態（material conditions）要求這樣的論述可以具體且客觀地實現。哈

> 伯馬斯……在最後的分析……並未提供如何達成這樣理想的真正理
> 解，批判理論與具體實務的實踐之間仍存在落差。[21]

伯恩斯坦點出了問題，多數批評者瞥見重大挫折的來源，即是看到哈伯馬
斯批判理論中的**實踐**可能徒勞：它在真實的社會行動中的可行性。若哈
伯馬斯譴責了理論導向的研究不具生產性（unproductiveness），即無法促
使社會行動與行動者更真切地參與，為何他也無法從批判社會科學的著作
中提出具體的例子？哈伯馬斯進一步發展其理論，藉以回應這些批評，但
問題還是存在，而且是從批判性社會理論的**概念**轉移到這個理論要如何
具體落實上面。對教育理論而言，難的就在於教育研究的觀念如何連結到
具有批判社會科學特徵的解放目的。

　　教育研究取向受到批判理論影響的部分特質都很清楚。例如：這類
的研究，研究者對研究行為的理解會與實證主義取向或詮釋學取向大相逕
庭。在實證主義的教育研究，研究者僅是研究執行的工具，研究者的立場
是在科學歷程的外面，作為客觀或無涉入的觀察者。反之，作為詮釋性的
研究者，研究者則是採取了曼海姆（Mannheim）所稱的自律的主體，以
便能獲得有利詮釋與重構事件的位置，研究者的活動是在社會生活之中，
詮釋活動是智性歷史的一部分。然而，詮釋研究人員影響歷史發展只是
「意外」，倘若發生的話，就是當研究者成了那個時代的語言一部分而影
響了當事人決定時所做出的詮釋。然而，批判取向的教育研究研究者新角
色是發現只要有研究者參與，社會行動或政治行動便應理解或證成為知識
的發展。

　　我們也清楚了理解到理論與實踐間的差異。前幾章描述了實證取向的
研究，將理論視為不加涉入的原則來源，提供有效行動的指引，一旦決定
了行動的目的，便由此來規範行動（在此意義上，最有效的意味著特定的
目的可以清楚界定）。相反地，詮釋取向的研究則不會規範行動，它只會

告訴教師過去行動的脈絡、本質與結果，然後要求教師使用其自身實務的判斷去決定如何行動。這與前幾章所提到的，都是所謂行動詮釋者在理論與實踐的問題上扮演著重要角色，但更重要的是實務判斷的要求。的確，從批判觀點來說，需要發展對各種情況的系統性理解，這種情況是形塑限制與決定行動，而進一步能將這些條件加以說明。這看起來是需要研究參與者能相互合作，能在其自身實際發生的實務工作上形成理論，並透過理論與反省來發展這些理論。

　　施瓦布在他討論「實務的」時候，區分了這三種取向中的前二項，第一項是「理論的」取向，第二項是「實務的」取向。順著哈伯馬斯，第三項可被描述為「解放的」取向。順此，解放取向它強調「行動」的組織，故可稱之為「行動研究」。下一章我們會開始進入，將批判社會科學應用到教育研究的解放性行動研究。

延伸閱讀

　　有關批判理論的法蘭克福學派發展史的進一步說明，參閱Martin Jay, *The Dialectical Imagination: A History of the Frankfurt School and the Institute of Social Research 1923-50*。伯恩斯坦著作的第四冊，*The Restructuring of Social and Political Theory*，裡頭有批判理論的簡史與部分主題介紹。通俗性的讀本可見David Held的*Introduction to Critical Theory: from Horkheimer to Habermas*。單獨介紹哈伯馬斯的文本，則請參閱麥卡錫的*The Critical Theory of Jurgen Habermas*。

　　哈伯馬斯本身的著作很有挑戰性，且其學識涉獵非常廣泛。主要著作的英文版有*Toward a Rational Society*、*Knowledge and Human Interest*、*Legitimation Crisis*、*Theory and Practice*，以及由論文集結成冊的

Communication and the Evolution of Society。

註　釋

1　「法蘭克福學派」之所以這麼稱呼，是因為它的創始人最初是在法蘭克
　　福，儘管他們在第二次世界大戰時期移居美國。關於這個學派的主要思想
　　和歷史的描述，請參閱JAY, M. (1973), *The Dialectical Imagination: The History*
　　of the Institute for Social Research and the Frankfurt School, 1923-1950, Boston,
　　Little, Brown and Co.

2　對於這種理論最早的論述之一，請參閱HORKHEIMER, M. (1972),
　　'Traditional and critical theory' in *Critical Theory*, New York, The Seabury Press, p.
　　188.

3　例如：參見 CONNERTON, P. (Ed.) (1975), *Critical Sociology: Selected Readings*,
　　Harmondsworth, Penguin.

4　關於批判理論在詮釋學傳統中地位的討論請參閱 BLEICHER, J. (1980),
　　Hermeneutics as Method, Philosophy and Critique, London, Routledge and Kegan
　　Paul.

5　關於詮釋學、哲學與一般語言哲學的討論請參閱 THOMPSON, J.B. (1981),
　　Critical Hermeneutics, Cambridge, Cambridge University Press.

6　HABERMAS, J. (1974), *Theory and Practice*, tr. John Veirtel, London, Heinemann,
　　p. 44.

7　請特別參見*Knowledge and Human Interest; Theory and Practice; Communication*
　　and the Evolution of Society.

8　MARX, K. (1967), *Writings of the Young Marx on Philosophy and Society*, ed. and
　　tr. by EASTON, L.D. and GUDDAT, K.H. New York, Anchor Books, p. 212.

9　FAY, B. (1977), *Social Theory and Political Practice*, London, George Allen and

Unwin, p. 109.

10 BERNSTEIN, R.J. (1979), *The Restructuring of Social and Political Theory*, London, Basil Blackwell.

11 HABERMAS, J. (1973), 'A postscript to knowledge and human interest', *Philosophy of the Social Sciences*, vol. 3, p. 168.

12 HABERMAS, J. (1970), 'Towards a theory of communicative competence', *Inquiry*, vol. 13, p. 372.

13 MCCARTHY, T. (1975), in his introduction to his translation of *Legitimation Crisis*, Boston, Beacon Press, p. xvii.

14 HABERMAS, J. (1974), *op.cit.*, p. 32.

15 同前註，p. 34。

16 同前註，p. 40。

17 有關此議題的討論，請參閱BERNSTEIN, R. J. (1976), *The Restructuring of Social and Political Theory*, London, Basil Blackwell.

18 GADAMER, H. (1975), *Truth and Method*, London, Sheed and Ward.

19 BERNSTEIN, R. J. (1976), *op.cit.*, p. 222.

20 同前註，p. 223。

21 同前註，p. 225。

22 SCHWAB, J. J. (1969), 'The practical: a language for curriculum', *School Review*, vol. 78, pp. 1-25.

邁向批判教育科學

一、前　言

法格尼斯（James Farganis）在他〈批判理論〉一文序中做了以下結論：

> 如何建立一個解放的或批判的社會科學這個問題仍然存在。我
> 們如何由理論批判到採取必要行動帶進所欲的結果？既然批判理論聲
> 稱理論和實踐是不分離的整體，這個問題就是正當合理的。[1]

這個問題也許正當合理也許不正當合理，但問題的確是顯現出來了。我們必定要從哈伯馬斯理論的批判往前到解決問題的行動。但這並不是去問接下來我們該做什麼，而是有關決定進行批判社會科學這件事。本章的目的在回應法格尼斯的問題，不是批判社會科學的一般情形，而是特別針對批判教育科學。教育研究不是有關教育的研究，而是為教育而進行的研究。

二、批判教育科學是為教育的研究

在前幾章，主要的重點在論證教育研究之實證論和詮釋論觀點被證明

為正確的理由是不充足的。因此，教育研究必須採用批判的社會科學的形式。批判教育研究和現行實證論和詮釋論觀點之決裂點（decisive break）是馬克思在他的《費爾巴哈的提綱》（*Eleventh Thesis on Feuerbach*）所構想之簡明理論。「哲學家只是用各種不同的方式詮釋這個世界……這個觀點將要改變。」[2]因此，批判教育科學有一個變化教育的目標；它被指引到教育改變。解釋的目的（教育研究實證觀點的特徵）或理解的目的（詮釋觀點的特徵）僅是變化的過程，而非充分的目的。布萊謝爾（Josef Bleicher）在比較他稱之為「詮釋學哲學」（hermeneutic philosophy）的詮釋研究和他稱之為「批判詮釋學」（critical hermeneutics）的批判研究形式時指出：

> 詮釋學哲學企圖成為傳統的解決方案，因此指向過去，並嘗試決定其對現在的意義；批判詮釋學指向未來，嘗試改變現實而非僅是詮釋現實。[3]

前幾章已表明不同的教育研究形式牽涉到不同教育理論與教育實踐的關係，和代表不同教育改變的觀點。雖然這些改變的觀點與特定研究的本質和發現有關，當應用到教育研究的傳統時，它們也涉及**教育改革**的相競觀點以及革新過程約定俗成之教育研究的地位。因此，實證論視教育改革是技術的；詮釋論視教育改革是實踐的；反之，批判教育科學視教育改革為參與的和合作的；它正視教育研究是由那些牽涉到教育的人們所執行的。它將教育研究視為針對教育實踐轉變、參與過程實踐者之教育理解和教育價值，以及為其行動提供框架的社會和體制結構的批判性分析。從這個意義上說，批判教育科學不是**對**教育或**有關**教育的研究，它是**參與**教育並且是**為**教育的研究。從這觀點，我們可回到費伊（Fay）之批判的社會科學觀點，被引述在最後一章：

> （批判的社會科學）……明顯地基於具體的社會經驗，因它

是……明顯地與解決感受到的不滿意之目的有關。批判的社會科學為
實踐者命名；分析他們的受苦經驗；啓迪他們的真實需要和需求；它
向他們證明了他們對自己的看法是錯誤的，同時從這些錯誤觀念中提
取出關於他們的隱含真理。批判的社會科學指出那些固有的矛盾社會
條件，這條件產生一種特殊的需求，使參與者不可能得到滿足；它揭
示了這個受壓迫過程的運作機制，並且根據它所描述的社會條件的變
化，它提供了一種參與者可能介入並改變阻撓他們社會過程的活動模
式。批判的社會科學理論起源於每日生活的問題並著眼於解決這些問
題。[4]

同樣地，康斯托克（Comstock）寫道：

批判社會研究起源於特定個人、群體或階層等人之生活問題，
這些人經歷被他們自己所維持、創造但未抵抗之壓迫和異化的社會過
程。從參與者每天生存之實際問題出發，啓蒙參與者回到生命中辨識
未被意識到的社會約束，以及他們可能解放自己的行動方針。它的目
標是啓迪參與者對自我的認知，以及有效的政治行動。它經由對話的
方法，提升參與者作為歷史主動代理人之集體潛能的自我覺醒。批判
研究連結去個人化之社會過程到主體的選擇與行動，達到消除未被意
識到的和矛盾的集體行動結果。[5]

在一般有關批判的社會科學的論述中，教育科學的表述改換了措辭來
表述。批判教育科學之目的在集結教師、學生、父母和學校教育行政人員
對於他們自己的工作情境進行批判性分析，目的在於改變這些情境，使他
們成爲適合學生、教師和社會的**教育**情境。[6]就本觀點而言，批判教育科
學即是意識覺醒的過程，如弗雷勒（Freire）所說：

……過程中人們，不是接受者，而是有意識的接受試驗者，深

　　刻意識到塑造他們生活的社會歷史事實，以及他們能改變這個事實的
能力。[7]

批判教育科學必須是一個參與的科學，它的參與者或是「接受試驗者」即
是教師、學生和其他創造、維持、享受和容忍教育安排的人。這些教育安
排有個人和社會的結果，包括同時啓蒙和異化，社會團結和社會分裂，個
人自主權和當代社會威權主義。透過批判教育科學，參與者探討這樣的相
互矛盾並尋找解決之道。

　　考慮批判的社會科學的特點，哈伯馬斯[8]講得很清楚，批判的社會科
學產生的研究知識本身不是強烈的社會行動。必須同時有參與者在情境中
達到對他們情境眞實理解之「啓蒙過程」，以及參與者同意之明智審愼適
當行動方針之「實際論述」。他說：

　　　　批判理解有效的宣稱只能在成功的啓蒙過程中被證明為有效，
　　那即是「實際論述」所涉及的內容。[9]

　　對一些研究者而言，他們站在他們所要改變的教育情境之外，就像評
論家他們的工作是要啓蒙他人。他們以分工來說明評論家必須有獨立的意
識，他們的角色定位在「局外人」，在研究程序上被研究機構和理論保證
他們與所研究的「局內人」分離。[10]這是一個重要並且有幫助的角色，但
對批判的社會科學這種研究仍不足夠。將科學論述和啓蒙過程的研究任務
以及改變教育情境的任務緊扣，是對改善教育的具體承諾。如果研究是達
成眞實教育情境的具體改變，那麼就需要有一個改變理論，使他們在一個
共同任務中其研究與實踐角色可相互穿越，以連結研究者與實踐工作者。
哈伯馬斯這麼說：

　　　　……創造意識的理論可能會帶來一些條件，在這種條件下，能
　　解決系統性的溝通扭曲，然後可以建立一個實踐的論述；但它不包含

任何對相關人士預判未來行動的信息。心理醫師沒有權利，也不能對未來的行動提出建議：病人就他的行為而言，必須做出他自己的結論。[11]

批判性教育科學的完整任務要求參與者合作組織他們自己的啓蒙，做出改變他們情境的決定，繼續根據這些改變的成果進行批判性分析，使其維持科學論述、啓蒙過程和實際行動的約定。這些任務主要是爲了教育情境的參與者，透過他們的實踐，構成和建立這些情況成爲教育的，他們透過改變自己的實踐改變教育，並享受他們變革的成果。「局外人」研究人員可以解釋或告知這些實踐，但他們不參與教育實踐，改變實踐的能力有限，並且幾乎不受實踐變革後果的影響。

因此，我們可能寧願拒絕康斯托克關於批判研究者對參與者角色的描述：

> 實際上，（批判社會研究）需要批判研究者從一個社會情境參與者的互為主體性開始理解，最後回到這些參與者設計出一個改變他們理解並且改變社會情境之教育方案和行動。[12]

設計用來啓蒙之教育和行動方案必定是**參與者自己**，非「批判研究者」。哈伯馬斯把批判的社會科學的角色（關於群體承諾作自我反思和改變他們的行動情境）比作心理分析的角色。[13]在這樣做的時候，他提出批判研究者就像是一個社會政治版的心理分析師之可能性，但他也察覺建立新的社會分析家神職人員的危險。就像他說的「在啓蒙的過程中，只能有參與者」。[14]

具體而言，這代表二件事：一方面，它代表協助學校建立自我反思過程的「局外人」必須成爲學校的參與人；另一方面，它意味學校團體必須成爲一般社會方案的參與者，教育和教育機構可以在整個社會中進行批判性改變。

批判教育科學的任務不能脫離教育實踐現狀，特別是學校和教室；也不能脫離學校本身即是教育與社會關係之具體歷史表現的政治現實。若無創造教師、學生和其他人之探究者批判社群之具體實際研究過程，教育研究只好用比較一般的說法合法化（力求影響「決策者」或改變某種教育方案的立法條件）。除非從事特定的教育政治運動，否則這類教育研究會把企圖影響或啓蒙的行動者當作一個歸類和抽象類別或階級（「決策者」、「教育家」……甚至是一般「教師」）之危險。今天在教育方面的許多批判性研究成爲物化的受害者，無能「爲實踐者命名」（如費伊所說）。當它如此做時，它就成爲一種詮釋性研究，缺乏實用性承諾，因爲它未應用自我涉入理論在教育、社會和政治的變革中。

避免教育行動者和教育情境物化的解藥，就是具體參與教育變革任務。這個解毒劑能透過協同工作改變教育的具體環境和機構來實現。簡言之，教育研究對教育實踐的貢獻必須由具體改善教育實踐，改善實踐工作者對實踐的眞實理解，和改善實踐的具體情境來證明。關於後者的改善，我們必須記得教育情境不是由磚塊和灰泥、財務資源、時間規劃、組織安排組成的。更重要的是，他們有他們的教育特性，因爲人們以他們所理解爲教育的特定方式在其中行動。實踐構成教育情境，特別是教師、行政人員、學生、家長和其他人的行動實踐，即是適應機構並被機構所塑造的結果。因此，爲了改善眞實教育情境，我們必須改變建構這些實踐之交互作用的網絡。

自從馬克思對於著名之十一條《費爾巴哈的提綱》（Eleventh Thesis on Feuerbach）提出挑戰後，熟悉社會理論和哲學發展的人應不意外其對於實踐和改變的強調。那時馬克思寫道：

> 唯物主義學說認爲人是環境和教養的產物，因此，改變人即是改變其環境和教養方式。它忽略的是人改變環境，並且教育者本身必

須先被教育。

改變環境和人民群眾是同時發生的，是一個辯論過程，不是先有雞還是先有蛋之謎。馬克思寫道：

> 同時發生環境的改變和人類活動的改變只能被想像地和邏輯地理解為革命實踐。

馬修斯（Michael Matthews）評論馬克思對於實踐的概念像是認識論的「起源」；重申這個要點，強調馬克思在超越舊唯物主義學說的成就。

> 馬克思提供一個唯物論的新版本。特別的是，它是歷史唯物論；唯物論看見實踐或人類意識活動是心靈和物質間，主體和客體間的調解者。它的調解同時改變了社會和本質。意識由實踐引起並形塑，最後在實踐中並被實踐判斷。[15]

最後「在實踐中並實踐判斷」是教育研究及其對教育改善重要貢獻的核心。這個主題不斷地在教育研究[16]相關著作被強調，教育研究的貢獻不但必須包括改變實踐者的思想，並且同時地，也要改變教育本身。對那些留在被研究教育脈絡外的教育研究者而言，這意味研究者與實踐者的新關係：「局外人」成為「諍友」，幫助「局內人」在改變教育的過程中能更明智地、謹慎地和批判地行動之協同關係。評量「諍友」成功的程度如下：他們能協助實踐者改善他們自己的教育實踐，改善他們對自己的理解，並改善他們的工作情境和機構。由本觀點言之，局外人所進行的教育研究，其成功的評量不在他們為了研究文獻所徵用之教師的經驗和工作，而在他們對於這些教師工作之教育真實具體情境改善的貢獻。

然而，批判教育科學更具意義的含意是關於教師本身。顯然地，教育科學需要教師成為研究者深入他們自己的實踐、理解和情境中。雖然「諍友」能幫助教師和其他教育情境中的人從事批判研究，但教育研究的主要

工作必須由參與實踐的教育實踐者來實施。爲了說明教師的教育實踐工作還可以發展爲教育研究的改革實踐工作形式，引入教育行動研究的思想將是有益的。

三、行動研究的定義與特色

　　行動研究是一種由參與者在社會情境中從事自我反思形式的研究，爲了要提升他們自身實踐的合理性和正義，理解他們的實踐，以及實踐的場域。在教育領域，行動研究已應用在學校本位課程發展、專業發展、學校改進方案、系統計畫和政策發展。雖然這些活動的進行常常與行動研究取向、方法和技術無關，參與者在這些發展過程越來越常選擇行動研究作爲參與發展決策的一種方式。

　　就方法而言，規劃、行動、觀察和反思的自我反思循環螺旋是行動研究的核心。勒溫（Kurt Lewin）創造了「行動研究」這個詞用來描述形成規劃、發現事實和執行的過程：

　　　　規劃通常始於一個一般想法。為了某些原因它似乎能達到確定目標。但如何精確限定目標範圍和如何達到目的常常不太清楚。所以，第一步要根據可得到的方法仔細檢查這個想法。關於情況經常需要更多發現事實。如果第一個規劃時期成功了，那麼我們需要面對兩件事：決定如何達到目標和如何進行第一步行動的「總體規劃」。通常，規劃多少會修改一些原始想法。第二時期會全力執行第一時期的整體規劃。第二步驟是遵循第一步驟發現的特定事實。舉例而言，在社會管理或戰爭等高度發展領域，轟炸德國時，當仔細考慮不同的重點以及如何處理這個目標的最佳途徑與方法後，可能選擇轟炸某些工

廠作為首要目標。這個攻擊強有力地實施，偵察機隨即跟隨這個目標，盡可能準確客觀地決定它的新情況。偵察機或事實的發現有四個作用：藉由呈現是高於或低於期望達到目標來評鑑行動；其次，正確地規劃下一步驟；再次，修改「整體計畫」；最後，它給規劃者一個學習的機會，亦即，蒐集新的一般見解，例如：關於特定武器或行動技術的優缺點。為了評鑑第二步驟的結果，再進行規劃、執行和偵察或事實發現的循環，預備規劃第三步驟的理性基礎，和也許再次修改整體計畫。[17]

勒溫記錄了群體決策在促進和維持社會行為改變的效應，以及強調行動研究每個步驟都讓參與者涉入之價值。他也視行動研究的原則是能將人帶到「逐漸獨立、平等和合作」，並且能有效地改變「長久地剝削」這個「可能危害民主的每一個面向」的情形。為了要對「支配社會生活的規律發展更深的洞察力」，[18]勒溫視行動研究是「基礎社會研究」進展必不可少之物。數學和概念問題需要理論分析，就像對於大大小小的社會體系需要事實發現的描述。最重要的，勒溫說，基礎社會研究「必須包括社會變遷之實驗室與田野實驗」。[19]

勒溫因此預告現代行動研究的三個重要特徵：它的**參與性格、民主推力**，和對於**社會科學和社會變遷的同步貢獻**。然而，1980年代的行動研究者對勒溫規劃行動研究這三個特徵的意義都不以為然。首先，他們認為集體決策的重要性與原則一樣，並非技術事宜；亦即，集體決策不僅僅是一個促進和維持社會變遷的有效方法，也是對社會行動不可少的真實承諾。其次，行動研究的當代倡導者反對參與者應該或能經由行動研究，被「帶領」到更民主的生活形式。行動研究不應該被視為民主的方法或技術，而是在研究中之民主原則的具體表現，允許參與者決定或影響他們自己生活和工作的條件，並且合作發展批判那些維持依賴、不平等或剝削的

社會條件。最後，當代行動研究者反對勒溫用以描述社會科學理論目的和方法所用的語言（由數學、概念分析、實驗室和現場實驗「深入了解管理社會生活的法則」）。這種語言現在被視為實證的，不兼容於任何適當的社會或教育科學目標和方法。

勒溫在二十世紀40年代中期探討如工廠生產、少數群體歧視或食物購買習慣等社會實踐而發展了行動研究。他主張行動研究包括關於問題的分析、事實調查和概念化；規劃行動方案，執行方案，然後進行更多的事實調查或評量；然後螺旋地循環這個活動圈子。[20]經由螺旋的循環活動，行動研究創造了學習社群能夠建立的條件；也就是說，探究者社群致力於學習和了解自己的策略行動的問題和後果，並在實踐中改進這種策略行動。

1981年5月在維多利亞吉朗（Geelong）的迪肯大學（Deakin University）舉辦全國行動研究邀請研討會，受邀之參與者同意教育行動研究定義如下：

> 教育行動研究描述課程發展、專業發展、學校改善方案、制度規劃和政策發展等活動，這些活動皆有**執行**計畫的行動策略，然後系統地加以**觀察**、**反思**和**改變**之共同點。行動中的參與者完整地參與所有這些活動。[21]

在這個定義中，勒溫的螺旋概念被保留在規劃、行動、觀察和反思的概念中。勒溫及其同事長期以來一直認為參與是行動研究過程的重要層面，而它依然是其重要特徵。但這定義也賦予**策略行動**之概念同樣的重要性。據稱，當研究活動聚焦在**社會實踐**，其偏好的研究方法為行動研究。實證研究將社會實踐視為確定性系統功能，純粹詮釋性研究將實踐視為文化歷史產物。事實上，社會實踐本質上是需要審慎判斷的風險企業，因此，社會實踐無法純粹參照理論原則，也無法純粹追溯他們的文化歷史偏好。

所有行動研究有兩個基本目標：**改進**和**參與**。行動研究旨在改善三

個方面：第一是改進**實踐**；其次，提高從業人員對實踐的**理解**；第三，改進實踐的**境況**。**參與**的目的是肩並肩地**改善**目標。參與實踐的人員將參與計畫、行動、觀察和反思各個階段的行動研究過程。隨著行動研究方案的發展，期待越來越多受實踐影響的人參與研究過程。

行動研究的最低要求是什麼？可以說，有三個條件是個別必要的，並且合起來足以使行動研究被承認存在：首先，方案主題為社會實踐，是一種改進的策略行動形式；其次，透過一系列規劃、行動、觀察和反思的循環，每一個活動都系統地、自我批判地執行和相互關聯；第三，方案實踐負責人員整體參與方案過程，並逐漸擴大參與方案人員到受實踐影響的其他人員，維持協同控制行動研究過程。目前教育行動研究方案並不完全符合上述標準。有些方案發展滿足所有條件；有些方案在完成發展之前就夭折。還有其他一些方案並無法滿足上述條件，不能稱為真正的「行動研究」。

勒溫的早期行動研究工作涉及社會關注的一些領域態度和行為的變化，他的想法迅速進入教育。[22]然而，經過十年的發展，教育行動研究越來越少。雖然美國一些教育行動的研究工作仍在繼續，但1970年，桑福德（Nevitt Sanford）[23]認為，教育行動研究越來越少的原因是由於研究和行動、理論與實踐的分離日益擴大。隨著社會科學研究人員開始享受公共資助機構前所未有的支持，他們開始將理論研究者的工作與負責運用理論原理的「工程師」工作加以區分。隨著研究與實踐之間關係的研究—發展—推廣（RD和D）模式，俄國史普尼克1號衛星發射後期課程發展不斷增長的潮流合法化並持續了這種分離。基於從業人員在理論家設計的發展和評量任務中的合作，大規模課程發展和評量活動，轉移本質上小規模、在地組織、自我反思的行動研究方法之合法性和能量。到二十世紀60年代中期，技術研究開發和推廣（RD和D）模式已經成為改變的首要模式。

當代對教育行動研究興趣的起源於1973至1976年的英國福特教學方

案（Ford Teaching Project），由艾略特（John Elliott）和阿德爾曼（Clem Adelman）[24]帶領。這個方案包括教師對自己的實踐進行協同行動研究，其核心概念「自我監督教師」是基於勞倫斯·斯騰豪斯（Lawrence Stenhouse）[25]將教師視為研究者和「擴展專業」的觀點。這個方案導致行動研究興趣興起的原因有很多。首先，基於「專業擴展」研究自己的實踐之觀念，對教師專業化研究角色的動力有越來越多的需求。其次，這些實踐者感到當代教育研究的關注與他們的實踐無關。第三，在施瓦布[26]等人完成「實踐審思」後，課程對「實踐」的興趣再次興起。第四，教育研究與評鑑「新浪潮」方式的興起，強調參與者形成教育實踐和情境的觀點與範疇，協助行動研究。這些方法使實踐者處於教育研究過程的中心舞台，並且認識到行動者理解在塑造教育行動的重要意義。從關鍵人員幫助「局外人」研究者的角色來看，這是實踐者成為自己的實踐中的自我批判研究者的一小步。第五，責任制運動激化和政治化實踐者。針對責任制運動，從業人員採取了自我監督的角色，將自己的實踐作為對實踐工作條件的敏感批判的正當手段。[27]第六，教育界更團結響應1970年代至80年代擴大後教育政治的公眾評論，這也促使相關專業人士組織支持網絡持續關心教育發展，即使教育擴張主義潮流已經轉向。最後，行動研究本身的意識越來越高，被認為是透過批判性的自我反思來改善實踐的可理解和可行的方法。

　　教育行動研究人員已經研究了一系列實踐，一些例子可能足以表明他們如何利用行動研究來改善他們的實踐，理解他們的實踐及他們的工作情況。

　　幾年來，迪肯大學的亨利（John Henry）與教師合作，探索科學探究教學的問題和成效。[28]透過對自己教學的成績單進行深入分析，老師們發現他們的課堂互動強調講述教學和封閉式問題的日常實踐，其實否定了學生提出他們自己的問題並發展獨立學習的機會。事實上，教師的一般教學

實踐是透過控制課堂說話來維持課堂秩序的。老師學會改變課堂提問的形式，提供資源，鼓勵學生在課堂活動的框架下提出問題，讓他們有機會回答他們提出的問題。教師不僅改變了他們的提問做法：他們對課堂提問方式的理解也改變了。他們理解提問可以是課堂控制或共享知識。他們開始深入了解他們的提問實踐如何創造或拒絕學生積極參與學習過程的機會。這些老師也改變了他們的工作情況，儘管每個人內心多少有些掙扎。他們的教室不僅在物質層面改變（有更多的資源支持學生的獨立探究），也在社會層面改變（學生們更多地控制自己的課堂行為，教師和學生開始溝通課堂的學習活動）。

　　老師們在他們自己的學習過程與亨利合作（有些方案，是幾個教師在同一所學校一起工作；其他方案，則是不同學校的老師一起工作）。他們用自我反思的行動研究螺旋進行初步觀察和分析他們目前的教學實踐，然後，計畫他們想改變的方式，觀察引進改變後的問題和效果，然後反思決定下一步要如何行動以改善他們的實踐。在行動研究的多個週期結束之後，他們開始在課堂實踐中取得明顯的差異，這些差異可視為在他們的教室裡教育實踐的明顯改善，因此他們報告他們改進了實踐。

　　在迪肯大學一群老師與凱米斯（Stephen Kemmis）等人，合作探索在國中進行閱讀補救教學策略的問題和成效。[29]他們首先描述了閱讀補救教學可能使用的十種不同的策略，並分析他們想要解決的補救閱讀教學問題。該小組決定對四項策略進行更為深入的分析（不間斷持續的默讀、形成學校教師諮詢團體、契約學習和團隊教學）。不同的教師蒐集他們感興趣策略的數據，並試圖依據他們蒐集資料所顯示的情形改進其實施策略。當他們提高了對每個策略之問題和成果的理解，實踐的情境改變了（例如：更多教師回應孩子的閱讀問題需求，學校變得更重視閱讀發展；或建立一般課堂教師和「補救」專家教師團隊，將補救教學帶進一般教室）。特別是這些教師開始了解，某些閱讀補救教學策略實際上是讓閱讀技巧脫

離學生所需要的學習脈絡；某些閱讀補救教學策略則保留並強化「補救」學生標籤，而非幫助他們克服困難；某些策略將學生帶離他們需要發展之學科實質性知識與技能的教室學習情境，致使他們在課堂的表現總是不佳；以及某些策略降低學習的技術要求，因而否定而非創造出教師可以共同幫助學生發展跨課程所需閱讀能力的情境條件。

在一個涉及幾所學校教師發展學校控制取向的在職教育方案中，教師探討了與學生磋商課堂規則的問題。[30]面對課堂上的紀律問題，他們邀請學生制定課堂行為規則，並發展維護有利於課堂學習氣氛的共同責任感。教師和學生一起了解他們自己的課堂實踐如何為他人創造了一個氣氛，以及以教師為中心的課堂控制其實是如何拒絕了學生為課堂氣氛負責任。磋商課堂規則策略的成功標誌著學校的一些老師接手這個問題，並且學校對課堂管理和教師責任的總體看法開始改變。

在同一個方案中，一位老師探討以描述非競爭性的評量替代競爭性評分的問題和後果。這方案後來成為十年級低成就學生的「替代」評量。老師推論這些學生在被競爭性分數與同班同學比較下表現較差，強化了他們的低自我價值感。為了實現描述非競爭性評量策略，教師在班上成立了班級會議，決定全班同學的學習任務，分擔班組課堂學習任務的責任。大家同意每個任務之清晰明確的要求，學生可以個人或集體地和他們的老師檢核任務完成時是否滿足要求。藉由教室參與，學生實際完成任務的品質和數量，老師能夠修改自己的做法。他們也了解學生如何能為自己的學習和成功負起責任。他們的課堂情況與他們早期在這個「替代」小組所建立的課程情況截然不同。這個策略已經非常成功，他們開始在其他班上實施，也相當成功，並且建議這個過程能在學校中廣泛使用。儘管他們基於所蒐集的證據，為改變學校的評量政策而提出強烈的論據，不過，沒有參與行動研究過程的老師仍然不相信，學校的一般評量政策沒有改變。情況沒有像老師曾經希望過的那樣澈底改變，但他們學到了一些關於改變的過程：

他們需要讓別人參與他們已經經歷的學習過程，並且讓他們早點參與。

各種行動研究，特別是教師行動研究已寫成報告，並且發表在叢書中，顯示其豐富多樣。[31]由學生進行的行動研究也開始出現。[32]

我們可再進一步說明有助於形成行動研究如何在實踐中運作的行動研究方案。我們使用這個例子，因爲它可被廣泛運用。[33]

這個例子是里德（Jo-Anne Reid）的協商課程研究。它敘述在澳大利亞西部珀斯（Perth）的中學，一個九年級英語協商課程問題和潛力的探究。這項研究涉及里德，一位諮詢老師（通常擔任其他老師的顧問）探究語言在課堂學習中的角色功能。

「語言在學習的角色國家工作小組」於1977年在坎培拉（Canberra）成立課程發展中心，提供澳大利亞的顧問和教師協調探索語言在學習的作用有關問題的機會。國家工作小組特別關心的是學生透過使用自己的語言學習；它跟隨的是使用認可和延伸兒童自己語言的教學和學習策略，這個確定更能讓孩子參與學習任務，並且孩子透過已知學習，他們能學得更好（因爲是用孩子自己的語言表達和中介）。由這個論點來看，「協商課程」正好跟上流行。在協商課程，教師邀請學生反思自己對某一主題已經知道什麼，自己還想了解什麼？能用什麼方式發現自己想知道的？學生與同伴和老師磋商後，充實自己的計畫內容，實施計畫，並藉由反思自己起初的目標和計畫評量自己的探究是否成功（協商課程過程中的這些步驟與行動研究的自我反思螺旋步驟非常相似）。老師在學生的這些探究中將提供刺激，激發學生反思；作爲資源，提供想法和有幫助的訊息；作爲約束，藉由聯繫個別學生的計畫（創造學生合作機會）以及老師願意和能夠成爲資源的領域，限制其探究範圍。

作爲一名英語老師，里德知道國家工作小組的工作，她相信其所主張關於學生語言與學習之間關係的一般原則是正確和適當的，同時也是切實可行的。她有興趣在課堂上進一步探索，特別是探討協商課程的想法。她

因此「借」了一班九年級的34名學生16節課（1979年超過八週）。這使她成為英語教師群的一分子，以及探討語言在學習和珀斯地區協商課程中作用顧問群的一分子，能夠自己探索協商課程。

協商課程涉及給予學生一個選擇的聲音並在課堂上發展學習機會：涉及課程的「什麼」和「如何」。作為一個課堂的陌生人，里德需要一個可以快速吸引學生的主題領域；當時是國際兒童年，所以里德選擇了「在學校的孩子們」的主題。

假設這是在班級中每個人的情況

1. 有直接經驗；
2. 形成個人意見；
3. 直接與個人相關，因此；
4. 找到一個與陌生人進行考察不受威脅的領域。[34]

本著協商課程的精神，里德因此建構本課程為參與研究者的反思和自我反思社群。

藉著選擇一個學生可以直接參與探究的主題，里德創造了學生可以反思自己經驗的條件（並且隨著工作的進行，反思自己的反思和探究過程），並創建一個融合促進反思學生和自己（自學）和反思協商課程策略的教育目標。

因此，里德創造了五個不同層次的反思情境：

1. 學生對「上學的小孩」主題的實質性反思；
2. 學生對自己追求這個主題探究的反思（讓他們探究他們所發現「在學校的孩子們」的內涵，使他們在這個練習中對自己的探究過程負責）；
3. 里德反思涉及這個具體情況下協商課程的實踐（里德為教師）；
4. 里德在更廣泛的英語教學策略架構下作為英語教學老師的顧問，對這些教育實踐的反思（里德為教師顧問）；和

5. 里德對自己反思過程的自我反思和探究（里德為教師研究者）。
在每個層次，參與者都參與了合作反思和自我反思（規劃、行動、觀察和
一起反思）。

從此看來，里德完全滿足批判的社會科學之**參與與協同合作**的條件。

按照協商課程的模式，里德要求學生列出他們對學校的了解，然後列
出他們不知道，但想知道的內容。最後要求他們透過小組討論，決定如何
找到他們自己提出問題的答案。

在整個過程中，學生們和里德，寫日誌記錄他們的活動和進展。這
些資料提供文獻紀錄，同時引起和記錄所有參與過程的自我反思。蒐集這
些證據可以促進自我反思（距離化）的態度，以及提供材料。寫日誌幫助
參與者成為比斯利（Bev Beasley）[35]所說的「反身觀眾」，反思他們的行
為，並根據反思轉變自己的想法和未來的行動。

在這些方面，這項研究開始形成一個批判性的觀點：它正在創造條
件，參與者可以考慮自己的興趣（作為學生、老師等），並且或許，他們
如何連結於更寬廣的社會利益。

也許，這個主題「上學的小孩」（對學生）和「協商課程」（對於里
德和她一同工作的其他教師和顧問）也開始引起如何塑造和形成學校和教
學的**解放興趣**（即意識形態問題），以及如何變得更好（透過不斷變化
的溝通條件、決策和教育行動）。根據里德的報告，很難說出這個解放思
想是否或能走得多遠，但非常明確的是，這個主題引進沿著這些路線的自
我反思。

然而，毫無疑問，這個研究是**實踐的**：對於學生和老師來說，研究
的進行考慮了他們自己的做法，並根據自己對過程的反思和對前述反思的
自我反思來變更自己的實踐。對於學生而言，它提供了一個思考自己學習
方法和學習條件的機會；對於里德作為老師而言，它提供了一個反思協商
課程實踐的機會；對於里德擔任教師顧問而言，它提供一個反思英語教學

實踐相關之協商課程機會；對於里德擔任教師研究者，它提供了一個反思行動研究作爲改進教學方式的機會。

這個研究涉及規劃、行動、觀察和反思的幾個循環週期，反思成爲規劃下一步做什麼的基礎。

該研究產生了幾組「研究結果」：

1. 在學生對「上學的小孩」的探討層面，本研究有深刻的見解，並到鄰近小學作報告；

2. 在學生對自我反思探討過程的層面，本研究得到學生對自己參與的過程以及評價探討作爲學習方法之結論；

3. 在將協商課程作爲策略（里德作爲教師）的反思層面上，本研究對本觀點之問題和前景產生深刻的見解。

報告中這三組「研究結果」相當明確。另有兩個隱含存在的層面：

4. 在反思英語教學和語言在學習中的作用層面，本研究載述了學生在協商課程背景下的寫作和談話本質的反思；這些評論假設一個關心與批判的英語老師社群；

5. 在行動研究過程的自我反思層面上，本研究爲對教師研究感興趣的其他人士提供訊息和評論（例如：有關資料蒐集技術和遇到困難的意見：錄音問題、日誌寫作的規律性問題，以及確保反思時間的問題）。

我們對里德研究的結果還不明確：這是她自己說的故事。然而，這個例子的確顯示了一位老師如何透過改變教學方法來了解她的教育實踐，並藉由系統觀察和仔細反思她改變後的問題和後果。

四、結　論

　　本章從批判的社會科學的思想開始，在教育研究的特定背景下進行探討，提出了批判教育科學的思想。我們認為批判性教育科學的實踐不能僅僅來自理論，它涉及來自教育研究和教育過程內外部改善教育的承諾。它也要求教育實踐相關人士參與研究。顯然地，它包括教師們，而學生、家長、學校行政人員等也可以參與教育研究。其成功的條件是改善實際的教育實踐，改善參與教育過程的人的了解，並改善實施情況。透過教育行動研究的本質和歷史的討論，並透過一些實際例子的描述，初步提出了教育行動研究符合這些條件的情況。我們將在下一章轉向教育行動研究作為批判的教育科學，進行更詳細的分析。

‖ 延伸閱讀 ‖

　　布雷多（E. Bredo）和費恩伯格（W. Feinberg）編輯的《社會和教育研究中的知識和價值觀》（*Knowledge and Values in Social and Educational Research*）一書優越的論文集，提供本書探討教育研究的三種主要觀點。它提供關於每種研究方法論的幾篇經典論文、一些例子，以及每個主要章節的強力介紹性評論。這些關於批判性研究論文的最後章節與本章所討論的內容特別相關。關於馬克思主義認識論和教育的更一般性討論，馬修斯所寫之《學校的馬克思主義理論：認識論與教育研究》（*The Marxist Theory of Schooling: A Study of Epistemology and Education*）一書，提供涉及到一般關於教育和與教育有關問題之理論與實踐的有用介紹。西蒙（Brian Simon）的文章〈教育研究：哪種方式？〉（Educational research:

Which way?），最初是他1977年（1978年出版）在英國教育研究協會的主席演講稿，從歷史唯物主義的角度討論了智力測驗的問題。這是教育研究與教育實踐相關方式的有力論證。

　　教育行動研究人員的「經典」文本是科里（Stephen Corey）《行動研究改進學校實踐》（*Action Research to Improve School Practices*）。爲教育行動研究的當代興趣提供了基礎的文本是斯騰豪斯的《課程研究與發展導論》（*Introduction to Curriculum Research and Development*）。

　　近年來，一組最近的選集、書籍和專著將擴大讀者對該領域的熟悉程度。凱米斯等人的《行動研究讀本》（*The Action Research Reader*）介紹了行動研究史上的關鍵論文，並提供教師自己撰寫的教師行動研究例子。尼克松（Jon Nixon）在《教師行動研究指南》（*A Teacher's Guide to Action Research*）中編輯英國老師自己的行動研究計畫紀錄，令人印象深刻。艾略特等人在「英國社會科學研究委員會劍橋責任計畫」標題爲《學校責任》（*School Accountability*）報告中，報告學校責任背景下的行動研究。[36]陶氏（Gwyneth Dow）編輯了一本有趣的澳大利亞教師學習的教師研究集刊。[37]波默爾（Garth Boomer）等人在《協商課程》（*Negotiating the Curriculum*）書中提出重要的一系列行動研究，涉及語言與學生學習和協商課程的作用。

　　麥塔加特（Robin McTaggart）和凱米斯已經制定了一個簡短的規劃和行動研究進行指南，稱爲《行動研究計畫者》（*The Action Research Planner*）。[38]

註　釋

1　FARGANIS, J. (1975), 'A preface to critical theory', *Theory and Society*, vol. 2, no. 4, p. 504.

2　MARX, K. (1941), 'Theses on Feuerbach', in ENGELS, A. (Ed.) *Ludwig Feuerbach*, New York, International Publishers.

3　BLEICHER, J. (1980), *Hermeneutics as Method*, Philosophy and Critique, London, Routledge and Kegan Paul, p. 233.

4　FAY, B. (1977), *Social Theory and Political Practice*, London, George, Allen and Unwin, p. 109.

5　COMSTOCK, D. (1982), 'A method for critical research', in BREDO, E. and FEINBERG, W. (Eds.) *Knowledge and Values in Social and Educational Research*, Philadelphia, Temple University Press, pp. 378-379.

6　由一群學生從事之扣人心弦的批判教育分析實例被陳述在SCHOOL OF BARBIANA (authors), (1971) *Letter to a Teacher*, Harmondsworth, Penguin Education Special. 這本書是對1950年代義大利農民子女教育規定的冷酷起訴，揭示作者對教育和教育實踐的清晰理解，這些實踐為這些兒童提供符合國家規定的關鍵替代方案。

7　FREIRE, P. (1970), *Cultural Action for Freedom*, Cambridge, Mass., Center for the Study of Social Change, p. 27.

8　在HABERMAS, J. (1972), *Knowledge and Human Interests* (trans. SHAPIRO, J.J.), London, Heinemann；和他的（1974）*Theory and Practice* (trans. VIERTEL J.), London, Heinemann.

9　HABERMAS, J. (1974), *op. cit.*, p. 2.

10　這個觀點的一個例子，參見POPKEWITZ, T. (1984), Paradigm and Ideology in Educational Research, Lewes, Falmer Press.

11　HABERMAS, J. (1974), *op. cit.*, pp. 38-39.

12 COMSTOCK, D. (1982), *op. cit.*

13 例如：HABERMAS, J. (1974), *op. cit.*, p. 29.

14 同前註，p. 40。

15 MATTHEWS, M. (1980), *The Marxist Theory of Schooling: A Study of Epistemology and Education*, Brighton, Harvester, p. 86.

16 例如：SIMON, B. (1978), 'Educational research: Which way?', *Research Intelligence*, vol. 4, no. 1, pp. 2-7; BROADFOOT, P. (1979), 'Educational research through the looking glass', *Scottish Educational Review*, vol. 11, no. 2, pp. 133-142; CODD, J. (1983), 'Educational research as political practice', paper presented to the annual meeting of the Australian Association for Research in Education, Canberra, November.

17 LEWIN, K. (1952), 'Group decisions and social change', in SWANSON, G.E., NEWCOMB, T.M. and HARTLEY, F.E., (Eds.) *Readings in Social Psychology*, New York, Holt.

18 例如：參見LEWIN, K. (1946), 'Action research and minority problems', *Journal of Social Issues*, vol. 2, pp. 34-6 (reprinted in KEMMIS, S., et al. (Eds.) (1982) *The Action Research Reader, Geelong*, Victoria, Deakin University Press, pp. 32-7).

19 LEWIN, K. (1952), *op. cit.*

20 同前註，p. 35。

21 參見BROWN, L. *et al.* (1981), 'Action research: notes on the national seminar', School of Education, Deakin University (mimeo).

22 COREY, S. (1953), *Action Research to Improve School Practices*, Columbia University, New York, Teachers' College.

23 SANFORD, N. (1970), 'Whatever happened to action research?', *Journal of Social Issues*, vol. 26, pp. 3-23 (reprinted in KEMMIS, S. *et al.*, (1982), *op. cit.*).

24 例如：參見ELLIOTT, J. (1976-1977), 'Developing hypotheses about classrooms from teachers' practical constructs: An account of the Ford Teaching Project',

Interchange, vol. 7, no. 2, pp. 2-20 (reprinted in KEMMIS, S. *et al.*, (1982) *op. cit.*).

25 STENHOUSE, L. (1975), *Introduction to Curriculum Research and Development*, London, Heinemann.

26 SCHWAB, J.J. (1969), 'The practical: A language for curriculum', *School Review*, vol. 78, pp. 1-24.

27 例如：參見ELLIOTT, J. *et al.* (1981), *School Accountability*, London, Grant McIntyre.

28 HENRY, J. (1985), *A Critical Analysis of Action Research-Based In-service Education: Four Case Studies*, unpublished Ph.D. thesis, Geelong, Victoria, Deakin University.

29 KEMMIS, S. (1982), 'The remedial reading group: A case study in cluster based action research in schools', in KEMMIS, S. *et al.* (Eds.) *The Action Research Reader*, Geelong, Victoria.

30 FENTON, J. *et al.* (1984), *School-controlled In-service Education* (a report of the Wimmera school-controlled in-service education project), Horsham, Education Department of Victoria (mimeo).

31 例子包括BOOMER, G. (Ed.) (1983), *Negotiating the Curriculum*, Sydney, Ashton Scholastic; NIXON, J. (Ed.) (1981), *A Teachers' Guide to Action Research*, London, Grant McIntyre; and KEMMIS, S. *et al.* (Eds.) (1982), *op. cit.*

32 例如：參見COVENTRY, G. *et al.* (1984), *Student Perspectives on Truancy*, Melbourne, Victorian Institute of Secondary Education, (mimeo); and HENRY, C. (1985) *Enduring a Lot: A Report to the Human Rights Commission on the Effects of Schools on Students with non-English Speaking Backgrounds*, Geelong, Victoria, Deakin University, (mimeo).

33 REID, J. 'Negotiating the curriculum' in both KEMMIS, S. *et al.* (Eds.) (1982), *op. cit.* and BOOMER, G. (Ed.) (1983), *op. cit.*

34 同前註（p. 128 in KEMMIS, S. *et al.* (1982)）。

35 BEASLEY, B. (1981), 'The reflexive spectator in classroom research', paper presented at the annual meeting of the Australian Association for Research in Education, Adelaide, November.

36 ELLIOTT, J. *et al*. (1981), *School Accountability*, London, Grant McIntyre.

37 Dow, G. (Ed.) (1982), *Teacher Learning*, Melbourne, Routledge and Kegan Paul.

38 MCTAGGART, R. and KEMMIS, S. (1982), T*he Action Research Planner*, Geelong, Victoria, Deakin University Press.

第七章
行動研究作爲批判教育科學

一、前　言

　　第五章一開始指出教育科學必須滿足五項正式需求（five formal requirements）才能具有一致性，結論認爲這些需求可能符合哈伯馬斯觀點中的批判社會科學。因此，第六章就從一般批判社會科學的觀點探討其所衍生出的批判教育科學，並探究教育行動研究的觀點，當作爲教育而做的研究形式，提供了實作批判教育科學的方法。藉由檢視與教育行動研究相關的五項正式需求，本章想要更進一步地探究這些想法。

　　首先，這將說明行動研究如何拒絕實證論對理性、客觀與眞理的想法，並贊成理性的辯證觀點。其次，本章將說明行動研究如何運用教師的詮釋類別（interpretative categories）作爲語言架構（language framework）的基礎，語言架構是教師以自己的理論探究並發展的描述。第三，本章將顯示行動研究如何提供方法，使教師藉由分析自己的實踐克服被扭曲的自我理解，這些扭曲是被外在大環境裡的意識形態所形塑而成的。

　　第四，本章也將思考行動研究如何藉由連結行動反思提供教師與他人覺察到社會秩序的層面，以及如何克服那些阻止理性改變的社會秩序。最後，本章會再回到理論與實踐的問題，顯示作爲自我批判社群的行動研究

者將一種社會組織的形式公諸於世，在這組織中，所謂的真實是取決於實踐的方式。

二、理性的辯證觀點

　　所謂行動研究的「客體」（objects）──是行動研究者所研究的事物（things），也是他們想要改善的──是他們自己的教育實踐、對於這些實踐的理解，以及實踐的場景。行動研究者與實證派教育研究者不同，不會將這些「客體」視同物理學的「現象」，如同實踐、理解與社會情境與研究實踐者（reasearcher-practitioner）無關，而是取決於一般物理學的定律。行動研究者也不會像農業研究一樣，將實踐、理解與情境等視為「處置」，將教育看成好像只是一種純粹達到更高教育產能的技術過程。

　　我們在第二章講到了一些為何哲學反對教育科學實證論及其理論與實踐關係的論點，這裡再舉出一個理由，說明為何行動研究者不能將研究的「客體」視為被決定的、無關的、外在的現象，是因為他們將實踐、理解與情境都視為自己的──因為他們深涉其中，並且不斷地創造並建構新的實踐、理解與情境。同時，行動研究者也不將理論與實踐二者視為技術或工具之間的關係，因為教育的問題並不只是達成已知目的問題，而是在社會情境中的行動**具有教育意涵**（acting educationally），這個涉及許多價值觀的競爭，以及複雜的人際互動，雖然都處於相同情境但卻有不同的理解，並且因著不同的價值觀，該怎麼做的想法也會不同。

　　行動研究者也不能接受關於實踐、理解與情境的詮釋性觀點，因為實證論者傾向將實踐、理解與情境都簡化為物理主義描述行為與決定情境的方式，詮釋論者則認為教育實踐與情境只是實踐工作者的教學意向、觀點、價值與理解的表達，因此掉入行動理性主義者的陷阱，認為只要有想

法就會引導行動，改變想法就能產生不同的社會行動或教育行動。詮釋研
究者透過尋求行動者想法的重要性來理解實踐與情境，如同第三章論述過
的，這種社會學或教育科學的觀點無法說明外在情境扭曲並限制行動者的
理解，也無法提供行動者辨識這些扭曲以及克服行動限制的方法。因此，
行動研究者拒絕說明詮釋論者理論與實踐二者的關係，因為他們拒絕接受
覺知轉化（transformation of consciousness）即可轉化社會真實的觀點。

　　然而，行動研究者接受社會行動者若無理解就無法達成轉化社會真
實的觀點，他們認為理解人們如何解釋其實踐與環境是教育轉化的重要元
素，但不認為這種理解就是達到轉化的充分基礎。

　　在上一章，我們考慮過馬修斯的觀點：「覺知起於實踐並被實踐形
塑，反過來又在實踐裡被判斷」[1]，這種陳述把一種非常不同的理性塞入
我們已有的觀點中，這是馬克思與非馬克思知識理論的核心，認為知識是
人類行動在社會歷史情境中被自然需求與利益啟動的結果，據此觀點，人
類行動只在被社會行動者當作某種行動時才具有意義與重要性，社會仲介
（social agents）的對象可以是行動者本身、與之互動的人們，或是科學觀
察者。詮釋要透過不同的語言類別，意義建立在社會互動的過程中學習如
何表達其義。所以，如同維特根斯坦（Wittgenstein）[2]指出的，表達一個
真實陳述（true statement）只有在共同語言與共同社會生活的情況下才能
被理解。因此，真實與行動在社會情境（matrix）中是彼此相依的，其意
義是被賦予、被建構而成。然而，意義不可能發生在真空中，而是發生在
過程中，即使是在小群體或只經歷非常短的時間。要了解任何人類活動的
意義，必須在歷史與社會的架構中；同樣地，語言本身也有歷史，要理解
任何假設的真理或真理主張都需要在語言的情境架構中，語言才能得出意
義，並允許我們在所主張的特定事物上賦予意義。

　　行動研究被認為可改善教育實踐、理解與情境，但必須奠基於社會建
構與歷史的真實與行動中。首先，行動研究本身就是一種**轉化實踐、理**

解與情境的歷史過程，發生在歷史中並且經歷這個歷史。行動研究的開始皆是在某種情境中的一種實踐與理解模式，經過改善過程後，最終以另一種模式呈現，在這期間有些實踐或實踐的元素是**持續存在的**，但有些則是**不連續的**（加入新元素，捨棄舊元素，發生在其他元素的轉化）。同樣地，理解會經過歷史的轉化過程，情境也會因實踐發生在其中所以被以某種方式轉化了。

其次，行動研究包含了實踐、理解與情境彼此間的連結，涉及兩兩之間發現**對應者**（correspondence）與非對應者：在**理解與實踐之間**（例如：在花言巧語與實在，或理論與實踐之間的對立關係）、在**實踐與情境之間**（例如：在實踐對抗機構承諾之間的對立，以及形塑這些關係的限制），以及在**理解與情境之間**（例如：實踐工作者的教育價值與其自我利益〔self-interests〕的對立關係，而這些對立關係受制於機構組織與報酬）。行動研究者在改進實踐、理解與情境的目標下，爲要更確定地走向未來，因此必須知道他或她的實踐是社會建構的而且是根植於歷史的（historically-embedded），並能以歷史及社會觀點來看他或她所工作的情境或機構。

行動研究也是一種有意（deliberately）的**社會過程**。它聚焦在教育與教育機構的社會實踐，知道只有在語言與社會情境歷程中的意義才是可以分享的。行動研究不只包含了行動研究者在認識教育實踐、理解與情境的社會特性，也包含使行動研究者擴大參與研究過程，含括其他人共同合作參與所有的研究階段。

將眞實與行動看作社會建構並根植於歷史觀點的，除了行動研究外，還有其他理論：詮釋性教育研究者也採用了類似的觀點，但是行動研究比較獨特的是對自身角色採用較積極的觀點，不像詮釋論研究者企圖以過去的意義來理解現在，行動研究者想要轉化現在以產生一種不同的未來，所以詮釋研究者相對地較爲被動，而行動研究則較爲主動。實證論的

教育研究者常被描述爲「客觀主義者」，強調知識是獨立於觀察者的客觀地位；而詮釋論教育研究者則被描述爲「主觀主義者」，強調行動者的主觀理解是詮釋社會實在、批判教育研究者與行動研究者的基礎，因爲他們採用辯證性的理性觀點。因此，他們認爲社會情境有所謂的客觀面向，是在特定時間不會被某些特定人士的權力所影響的，而要改變人們的行動方式就要改變他們行動的限制。同時，他們認爲人們對情境的主觀理解可能限制行動，然而這些理解也會改變。事實上，對某人的客觀限制（例如：機構的規定限制他或她採取某種行動）可能是另一個人的主觀限制（這人從未想過所採取的特定行動剛好牴觸了機構的規定）。行動研究者不只要發現情境如何被「主觀」與「客觀」觀點所限制，也要探索如何改變這兩種情境。

例如：若有人認爲在學校課表中根本就沒有時間做某個重要的主題，行動研究者就會反駁說這個（「客觀」）時間限制只是看起來明顯的；事實上，這個時間的問題端賴人們選擇如何運用時間，其實可以改變課表，或將這個重要的主題納入課表既有的科目中。從另一方面來說，如果有人認爲某些學生在某些科目的成績很差，是因爲其家庭的背景未能提供背景知識或技能去應付該科目的需求（一種「主觀」的限制），那麼，行動研究者就會辯駁說這應該是學校的任務，應該創造學習環境來克服這種缺乏背景的問題。簡單地說，行動研究者想要了解限制知識與行動之間的主客觀交互作用，以便理解主客觀兩方面都是可被理解爲限制社會實在的因素。

理性主義的辯證觀點只認同某些主、客觀主義的貢獻，拒絕客觀主義的決定論與物理主義，以及主觀主義的相對論與行動的理性主義論調。辯證觀點認爲社會思考與行動的確受到「客觀」限制，但是可超越特定人士或群體的控制。同樣地，辯證觀點也認爲如果人們知道更多或者以不同的方式理解這世界時，人們就能改變「主觀」限制，但這「主觀」限制的確

限制其改變思考與行動的可能性。

行動研究者所採用的理性辯證觀點特別強調兩對語詞，它們被認為是相反且互斥的辯證關係：理論與實踐，以及個人與社會。理論與實踐如何具辯證關係已經討論過了，個人與社會的辯證關係會以下面的方式探討其密切的相關性：從理論與實踐，或思考與行動，因為這些都是社會建構並根植於歷史的。個人的思考與行動在社會與歷史情境中得到意義與重要性，然而，在同時，他們本身也貢獻於社會與歷史情境的形成。這種雙重辯證是行動研究的核心，在某一方面，是理論與實踐；在另一方面，則是個人與社會的，是參與及合作的自我省思過程。行動研究認為思考與行動來自特定情境的實踐，轉化構成實踐意義的方式與理解可同時轉化情境本身，這裡包含了**個別性**的實踐、理解與情境的轉化，以及**群體性**的實踐、理解與情境的轉化，透過互動建構而成。對行動研究而言，這種包含思考與行動，以及個人與社會的雙重辯證可以得到化解，因為以**自我批判社群**的概念而言，行動研究者不但投入教育的改善，也是**為著**教育的研究者。

第六章談到了勒溫的自我省思螺旋循環概念：計畫、行動、觀察、省思再重新計畫、更進一步的行動、更進一步的觀察與更進一步的省思。這個自我省思的螺旋循環顯示出行動研究更進一步的辯證特性：在回顧分析與期望行動之間的辯證。

這個循環中的「行動」時刻是在探究未來——這是省思所無法證明的一步，這也需要承諾，必須根據實踐判斷，才能行動以達成期望的結果，但是行動總是蘊含著個人判斷或群體判斷可能出錯的風險，事情會因而無法達到期望的結果。行動研究的過程包含了一連串這種實踐判斷與行動，靠著螺旋循環所帶來計畫控制的行動，教育實踐、理解與情境因而得到改善：第一個行動步驟併入自我省察架構的第一個循環；然後第一個循環又併入整體螺旋循環之中。當行動研究展開後，就變成**計畫**，目的在轉化

個人與群體的實踐、個別與共同的理解，以及參與者互動的情境。從這些特別的計畫裡，浮現出改革的**規劃**——每個計畫體現出合作式自我省思的特定實踐，運用自我省思過程的特別理解（批判社會理論或教育科學理論），並爲了自我省思所建立的特別社會情境（哈伯馬斯稱之爲「啓蒙組織」）。行動研究者以這種方式建立起更寬廣的自我省思社群的循環，預告並產生一種不同形式的社會組織——可能就是哈伯馬斯在他的《邁向理性社會》（*Toward a Rational Society*）[3]一書中所謂的社會組織。

在行動研究中，第一個循環的計畫、行動、觀察與反思只是開始，如果整個過程在此停止，就不能算是行動研究，充其量只能稱之爲「停滯的行動研究」，目前的教育研究與評鑑中有二種這種「停滯的行動研究」，第一種只是問題解決，在診斷與省思後辨認問題，擬出計畫，採取行動，最後觀察檢視是否問題被「解決」了。第二種則像是一種評鑑練習題，運用了目標—成就的工具模式，開始像是行動研究的循環，但並未發展成參與合作的過程以便加深反思、更多控制與批判實踐，也未設立更合理的教育情境與機構。

在行動研究的反思螺旋循環中，最重要的知識論問題是**回顧**理解與**期望**行動間的關係，很明白地，行動研究需要一個異於實證論與詮釋研究的知識論，因爲此二者都無法連結回顧解釋或理解期望行動。實證研究根據過去情境的科學法則來預測概念，並控制介入的方式，作爲知曉未來行動的基礎。行動研究包括控制介入與實踐判斷，但此二者皆有無限可能，在反思的螺旋循環裡被安排爲控制介入的**規劃**，在實踐判斷裡被個人與群體引導的不只要理解這個世界，更要去改變它。

要理解回顧解釋或理解與期望行動之間的主要辯證關係，可以用馬克思的「革命化實踐」（revolutionizing practice）、哈伯馬斯的「政治鬥爭的行爲」（conduct of political struggle），抑或是弗雷勒「問題覺知軸」（problematization - conscientization - praxis）的公式。[4]然而，也可以當成教

育行動研究情境中有組織的改變規劃。在某個行動研究計畫裡的特定自我
反思螺旋階層裡，回顧理解與期望行動間的張力啓動於過程中的四個「時
機」，當每個時機「回顧」前一個時機時，就合理化這個時機，並「展
望」下個時機，以理解這個時機，如同圖2所示。

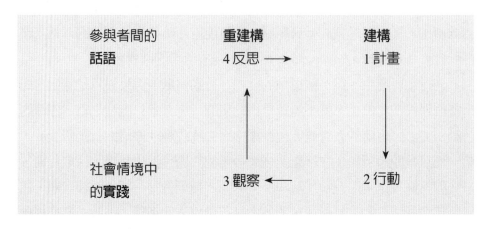

圖2：行動研究的「時機」

　　在自我反思螺旋裡，計畫是帶著期望行動，在反思的基礎上回顧地建
構。行動在本質上是有風險的，但在回顧反思過去的引導下，計畫被建立
起來，並期望地觀察，然後接下來的反思評鑑行動的問題與成效。觀察是
回顧已採取的行動並期望行動有所反思，反思是回顧已採取的行動並展望
新的計畫。

　　透過自我反思螺旋的行動，使過去重新建構並連結即將發生的具體
計畫，以及行動所涉及的論述與其社會情境的實踐。將這些併在一起，過
程的元素創造了情境，然後可以建立起批判反思的規劃以便組織自己的覺
知，爲教育改變進行合作性的行動。

　　行動研究的自我反思螺旋將過程定位在歷史裡，在過程中將行動者的
角色定爲歷史代理者，他們一開始就了解在實踐中要覺察，而且其覺察會

被實踐所形塑，因為反過來他們的覺察會在實踐進行時被評斷，也會被自己的實踐所評斷。在整個行動研究過程中，研究者因此覺知他們本身不但是歷史的製造者，也是歷史的產物。在這樣的理解下，行動研究賦予馬克思下面這段陳述一些具體的意義：

> 唯物主義的教義指出人是物質環境的產物，教養就是改變人，因此等於是其他物質環境的產物，改變教養的這個動作忘記了其實是人改變物質環境，而教育者本身必須被教育。

馬克思在陳述上面這段想法時，反對社會實在只取決於客觀情境的觀點，這是非常接近實證論的教育科學觀點的。行動研究者在審視其歷史代理者的觀點時，也認為他們是歷史的產物，只要秉持著下面這個觀點就可以超越實證主義的理性觀：能覺察並辯證地連結**理論與實踐**、**個別與社會**，以及**回顧理解與期望行動**。因此，自我反思螺旋不只拒絕實證主義觀，它也引出理性如同辯證、理性如同社會實踐的建構，以及理性根植於歷史的觀點。

三、教師詮釋類別的系統性發展

在第五章裡舉出對教育科學的第二種必要是能運用教師的詮釋類別。明確地，行動研究特別運用這些類別在實踐者對於自己實踐**理解**的改善情形，透過實踐者系統性發展對自己的理解，不只在自己的實踐情境中，也在與合作行動研究者的溝通情境中，明確地分享並檢視這些理解。

使行動研究之所以為「研究」的一個原因，是它想要在一個自我批判的參與者社群中系統性的發展知識。斯騰豪斯對「研究」想說的話是：

> 我認為學術界是一種社會系統，透過研究共同合作地產出知

識。研究是將系統性的探究公諸於世，在一個特別的研究傳統中，公開接受批判與使用……[5]

「學術」所產出的知識可能足夠讓教育實踐者使用在發展自己的實踐，也可能不足夠。在第六章我們認為在許多教育研究中，因機構將研究者從實踐工作者分離出來，以至於研究者的工作與教育實踐者的工作分開，這樣的確不利教育實踐的發展。桑福德[6]舉出一般社會研究的類似觀點，認為行動研究可以銜接研究與實踐的鴻溝。在許多地方[7]，斯騰豪斯也極力地鼓吹教師研究，一方面因為改善教育實踐需要教師理解自己的工作，並主張「運用研究意味著作研究」。很清楚地，這不只認為教師使用其他研究者產出的知識時要反思與批判，也說明必須建立教師—研究者的自我批判社群，這樣能系統性地發展教育知識，藉此合理化其教育實踐以及實踐所構成的教育情境。這不只意味著教師的想法或理解的系統性發展對教育發展與教育研究是非常重要的，也說明身為自我批判社群的教育研究者，教師們需要系統性地發展教育*理論*，建立自己的自我批判研究傳統，作為發展整體教育目標的一部分。

有些人會認為即便教師在不知道自己理論為何的情況下，還是會依據一些「隱晦」或「默會」的知識運作，那麼，教師行動可理解為像是根據一套原則。這種教師「有理論」的說法是無法被認可的，因為很多教師的行動是習慣、強迫與意識形態的產物，這些都會限制教師行動但他們卻不自知，如果他們知道行動源於習俗、習慣或強制性，他們就故意不選擇這些行為。如果將「理論」解釋成人們隱晦地或不自覺地持有的觀念，那是錯誤的。真確的來說，「理論」是在持有者有意識地知道那是什麼才具有力量，而且，「理論」是反思的產物而不只是習慣、習俗或強制性。

行動研究考量到這類教育理論的發展，不僅投入個人的理解與詮釋，也探索詮釋類別如何連結到實踐，以及批判教育理論的系統性發展。

要探討這個議題，首先應先思考個人知識、實務與實踐之間的關係。

雖然非系統性的行動反思也能得到實際的經驗，但是只有參與者的系統性行動反思才能獲得理性的實踐理解，行動研究者關於自身實踐知識的發展即屬後者，這包含了波蘭尼（Michael Polanyi）所說的個人知識，他認為這些知識不能被稱為主觀或客觀。

> 當某人順服所知覺的要求、而且認為這要求與自己無關時，這不能算是主觀；當行動是發自個人熱情時，這也不能算是客觀，因為這超越主客觀的分野。[8]

個人知識透過對經驗的理性反思，以及真誠性（authenticity）判斷的標準，就可以習得上述這種獨一無二的特性。當個人知識源於自己對本身思考後的行動之理性反思時，即可被視為真實，這意味著只有行動者才能成為詮釋思考後行動是否為真的最終仲裁者，因此，詮釋一項行動的正確性不該向外參照規則、原理或理論後決定，這並非指行動者對他人為自己行動的詮釋不為所動，而是只有行動者自己覺得這些詮釋關乎其真實性知識時才會有強迫性的影響力。因此，真實性標準成為抵擋教育研究中的政治性勸說，因為只有當行動者理解他人的解釋與自己有關時，才可能做出對自身情境理解的改變。

透過行動研究者與他人互動的理性對話，能夠發展個人知識。發展行動研究者的自我批判社群，必須真實地將個人置於情境對話裡。個人知識不但藉由實踐發展，也在實踐中發展。一般常識所理解的「實踐」意義，經常指習慣性或習俗性的行動，但若參考其字源希臘文實踐（praxis）的意義，則是「被告知、承諾的行動」，所以也意指「行動的運作」。行動研究者一方面必須區別習慣性實踐與獨特性實踐的差別，另一方面也要區別被通知的實踐與承諾性行動的實踐有何不同。批判教育科學與教育行動研究的共同目標就是都想復興實踐，將實務（practice）轉化為實踐

（praxis），使實踐能受到控制，並使它在信守教育與社會價值的情況下活躍起來。行動研究者想要將實踐理論化，在批判架構下理解何者使實踐成爲理性、適切並且謹愼。

實踐一詞字源的意思是實踐者在實際、具體而且是歷史情境中努力做出智慧且謹愼的行動。這個行動被思考過，且清楚地知道被理論化，在未來可能反過來告知並轉化這個理論。**實踐**不只是行爲，它還包含對行爲的理解與承諾。而且，**實踐**總是帶著風險，因爲實踐工作者必須在情境中智慧與謹愼判斷該如何行動。如同戈捷[9]說的，「實踐的問題是該如何做……解答只能在實踐中被找到」。**實踐**的意義指的是對眞實歷史情境的回應，行動者根據理解與承諾被迫做出行動。此外，行動者與其他人可在實踐中判斷做法的正確性：他們可以在實際的歷史脈絡中觀察並分析行動的結果。**實踐**，是行動研究中所採取的行動，同時也是行動者理解與承諾的「測試」以及展開這些理解與承諾的方法，因爲只有實踐工作者知道達到實踐行動的理解與承諾是什麼，也只有實踐工作者能夠研究**實踐**，因此，行動研究就是研究自己實踐的研究。

因此，行動研究本質上是參與性的；當實踐群體共同參與一起研究其自身的個別**實踐**時，當他們研究所共同構築情境的社會互動面向時，本質的是合作性的。在艾略特、阿德爾曼[10]與亨利[11]的行動研究計畫中，教師能夠有意地發展出「語言架構」（language frameworks）以便描述並評估自身教學中的特定問題與議題，期望得到理解與承諾。在他們所舉的特別例子中，語言架構所關切的是探究教學、「開放性」與「閉鎖性」提問，以及學生的依賴性與獨立性。運用這些語言架構，教師可以個別地分析並批判地評估自己的實踐；也用這個架構和其他人討論理解與實踐。這些語言架構明顯的發展顯示了教師如何運用行動研究計畫發展理解實踐的詮釋類別。藉此，他們區別了哈伯馬斯溝通能力理論核心的言談（speech）與論述（discourse），他們不只談論實踐（言談），他們還

建立有關實踐的論述，在其中，言談者的發言、眞實與眞誠，以及行動的適切性都被檢驗。[12]以這種方式，行動研究者依據個人知識，表達在實踐中，發展自身的教育理論，並在自我反思社群的論述裡得到系統性的發展。

　　如果只有實踐工作者能夠研究自己的實踐，似乎會產生是否有研究偏見的問題。這個問題經常出現，因爲一般認爲行動研究是研究者分析自己的實踐，難免會有偏見。這似乎也認定了行動研究的「發現」不足以採信，因爲結果可能是自欺欺人，或是扭曲意識的。

　　當然，用這種方式詮釋「偏差」問題，意味著似乎有某種「不涉及價值」（value free）或「中立」（neutral）的方法，無關乎觀察者的價值或利益，可以用來描述或分析實踐方式。這是被社會科學所創造的一種不涉及價值、「客觀」的幻想，按照定義，這不可能是一種研究人類實踐的科學。任何一種人類實踐科學必定得實現其價值與利益，這不只是探究目的，也是建構科學知識的利益之所在。實踐（被告知、承諾的行動）的研究總是透過實踐（具備理解與信約，並爲著理解與誓約批判性發展的行動），其著眼點就是爲了改善實踐而使實踐具體化。再者，這種詮釋問題的方式無法認眞地採用批判教育科學的發現，因爲每個自我反思的批判目的就是要顯露出並辨認自我利益及被扭曲的意識。實踐工作者會特意地檢視自己的做法是否被那些理所當然的假設、習慣、習俗、前例、強迫或意識形態所扭曲。行動研究者改善特定做法、理解與情境的方式，是在實踐中有意地顯出所察覺的理解與價值。而且，行動研究者透過觀察行動與結果，有意地將這些理解與承諾安排成一種特別的形式供批判檢視。如同自我反思螺旋所指出的，行動研究者有意地分析教育情境中理解、做法與結構的相對性與非相對性（correspondence and non-correspondence），並尋找其中的衝突。

　　簡而言之，行動研究是一種有意的過程，把實踐者從看不見的假

設、習慣、前例、強迫與意識形態中解放出來，當然地，任何研究計畫只能以部分或有限的方法達到這樣的結果，這樣的研究可尋求對科學有利的觀點，但這不是著眼於歷史與人類利益的研究。

四、意識形態—批判

第五章介紹意識形態—批判的觀點，並建議人們以類似心理分析過程的方式，藉著揭露自己的過往與形成自我的歷程，發現自我理解被扭曲的原因。類似地，批判社會科學也想要尋找意識形態中為何有集體的社群誤解。意識形態迫使人們產生錯誤的自我理解，意識形態的批判目的在揭露為何會發生這類的欺騙。

教育行動研究採用辯證的觀點，認為理性是社會建構與根植於歷史的，將行動者的行動定位在一個較寬廣的社會歷史架構中，將行動者視為意識形態的承受者及「犧牲者」，行動研究提醒實踐者，當他們改變自己的做法、理解或情境時，就是以某種形式改變這個世界。

意識形態就是一個社會複製其特別社會關係的手段。意識形態是一群觀念或某種型態的思考方式，是維持社會、文化與經濟關係等實踐的認知傳承。以比較辯證的方式來說，意識形態是經由工作、溝通與做決定等實踐方式被創造並維持著。意識形態被創造後靠著上述這些實踐流傳下去，因此，可能會在轉化實踐後又被轉化。當代社會的意識形態有需要被轉化，因為這個意識形態的特點是，工作形式無法使大家都能擁有美滿樂趣的人生，溝通形式不想達到相互理解與理性共識的目標，決策形式也並不是使人們可以民主地參與那些影響生活的決定，以達成社會正義，所以我們應該轉化目前的工作、溝通與決策的實踐。

理性（在溝通模式）、正義（在決策模式）與邁向更有趣且令人滿意

的生活（工作模式）等三項的標準，提供了可評量溝通、做決定與工作的基準。行動研究者能檢視自己的教育實務以便發現哪些價值曾經被扭曲，並檢視工作的情境與機構，看看這些地方的組成方式如何阻止更理性溝通、更民主正義的決策，以及更有生產力的提供那些工作者達到樂趣美滿的人生。

　　教育科學的第三項需求是提供方法區辨已被意識形態扭曲的觀念，以及那些尚未被扭曲的，並顯示如何克服那些被扭曲的觀念。如果教師與其他人一起投入意識形態—批判的實踐過程，教育行動研究就能滿足第三項需求，因為這樣做能提供工具辨識並探究實踐、理解與情境之間的衝突。如此一來，他們就能找出機構的實踐模式中哪些限制了更理性溝通、更民主正義的決策，以及讓所有人皆享有美滿樂趣的人生。

五、從啓蒙的組織到行動的組織

　　教育科學的第四項需求是揭露何種社會秩序阻礙了理性改變，並提出理論說明讓教師們知道如何克服這個阻礙。行動研究之所以能滿足這項需求，是因為討論了教育實踐與機構的關係、參與及合作的特色，以及「促進者」在過程中的角色等。藉由行動研究可提供各種不同教育改變的範疇，並檢視行動研究與教育改變的關係，這項需求被更進一步地顯現出來。探討上述這些的用意，是顯示行動研究如何從被動的詮釋社會科學轉為批判立場，它不只是理解這個社會，更要去改變它。

　　第五章探討了哈伯馬斯的論點，說明行動組織的存在不只是想要回顧社會生活的詮釋，也需要創造民主情境讓意願變成行動：所以參與者要在合作的實踐對話中自由地決定要採取哪個行動來改變社會實在，因此必須說明在何情境下這些參與者願意採取行動方案來改變社會眞實（social reality）。

　　體制是社會關係模式化為組織結構的類型，經過實踐後，創造出體制並且再製，這個實踐維持著體制，並且藉由維持或轉化實踐，體制得以再製或轉化。所以，體制是可塑造的（malleable）。體制的改變可透過「由上而下」（above）的政治施壓或由「下而上」（below）的社會壓力，不管是上述哪一種方式，體制在藉由改變實踐的人物時會被改變，例如：教育威權政策的執行是藉由改變修正系統實踐運作的行政流程。學校階層的實踐者決定了新的實踐，會要求舊的行政程序配合，在這種壓力下，程序可能要修改，才能使新實踐合法化。

　　新措施與新實踐都是其自己歷史的產物。如果時間來得及的話，我們可以在政策的話語中，或在政策與實踐之間發現矛盾。同樣地，矛盾也可能顯露在當計畫或課程中的某套實踐與另一套實踐發生衝突時。例如：從理論與實踐來說，「非制式教育」（informal education）的行動，本來似乎是恰當而且成功的，直到矛盾暴露出來：非制式的師生關係常使潛在課程隱而未現，潛在課程使學生接受學校制度中尚未改變的要求，尤其是在學習評量的關係上。現在教師以人性化方式對待學生，但在學習與認知的觀點卻沒有改變；雖然學生覺得被接納，但仍覺得教室並不是尊重學生知識的地方，因為要符合教師對知識的定義，就要待學生如貴賓，然而實踐上卻只重視某些類別的學生知識。[13]當這二者間的衝突愈加明顯時，非制式教育的體制就該接受批判與檢視。

　　麥金泰爾（Alasdair McIntyre）以價值來定義實踐（practice）：

　　　　（實踐是）人類以合作方式所建立的連貫而複雜的社會活動，透過活動，大家可理解有哪些內在好處，想要達到卓越的標準是什麼，這標準是根據活動形式而定，而且是適切的。根據這結果，人們的力量能有系統地延伸以達到卓越，並達到所想要的終點與好處。[14]

他繼續說：

> 實踐與機構不應混為一談，下棋、物理與醫學是實踐，棋藝
> 社、實驗室、大學與醫院是機構，機構必須考慮到外在利益，包括得
> 到金錢與其他物質的好處；機構涉及金錢與其他物質的獲得，藉由
> 權力與地位的結構化，分配金錢、權力與地位作為報酬。如果機構
> 想維持機構本身，以及機構所承載的實務做法，那麼，機構就不能
> 這麼分配，因為沒有機構維持，實踐就無法存在，機構和實踐形成
> 了一個特殊的因果順序，實踐的理想與創新總是容易受到機構欲望
> （acquisitiveness）的影響，而大家關注實踐的共同利益則常受機構競
> 爭的干擾。[15]

在社會中，教育是由學校機構所承辦的一種實踐，所以總是易受辦學時所
面臨的欲望與競爭所影響。因此，教育與辦學之間總是存在著張力，教師
與其他人應保持著批判性的警覺，檢視這張力是否破壞辦學的程度大於維
護既定教育實踐的價值。

　　批判教育科學想要找出並揭露教育價值與機構價值之間的衝突。例
如：當評量形式用來分配學生到不同類別使他們在未來有不同的學習機會
時，評量可能與教育價值背道而馳。評量可能只是用來分類學生的工具以
增加辦學效益，這即是我們所謂的功績主義（meritocracy），是意識形態
的權力展現，而不是考量到學生生活的教育議題。功績主義的意識形態不
光指那些根據功績給予權力、地位與物質報酬的觀念，還包括使這些結果
成真的評量實踐。

　　行動研究不只要找出教育實踐與機構實踐之間的衝突，透過支持異於
體制官僚價值的另類主張，實際上還為行動研究者的自我批判社群創造出
衝突感。這個自我批判社群承擔了在教育本身相關過程及行動研究的自我
教育過程中，所有的溝通、正義及民主參與實踐的理性價值，因此會產生

與體制情境中非理性、不公義與未實踐的教育與社會實踐的衝突。

因此，在行動研究中，許多的覺知會產生一些情境，讓行動試圖以未被扭曲的實踐取代原本被扭曲的實踐。這些行動當然是政治性的，因為新實踐總是會挑戰著既有機構的利益，一方面表現出要與權力解放結盟，另一方面則是準備對抗機構利益。當然，每個行動研究時時刻刻都意味著這兩方面的平衡，因為這是被某特定群體所把持，著眼於本身的特定利益，在這種情境下有著相對強權與弱勢的兩方，結果總是易於被那些自利者（these self-interests）所扭曲。行動研究讓其他人加入研究過程，擴大原本的自利社群，然而，事先規劃理想情境使自利社群與解放利益者契合，就能使所有人都從意識形態的限制解放出來。

因此，行動研究能夠建立情境，辨識並揭露哪些情境會使理性改變受挫，哪些情境則能提供行動基礎克服非理性、不公義與剝削，因此顯出社會秩序。靠著創造情境讓行動研究的自我批判社群誓約進行理性溝通、正義與民主決策讓全體都能享受有趣美滿的人生。在啟動實踐價值時，行動研究群體對抗的是體制價值與被意識形態扭曲的實踐。這並非抽象的一種理想面對另一種理想，而是具體的面對不同形式的實踐，有特定的焦點並要求特定的回應，期望和諧、直接與策略性的行動。

行動研究不只創造情境讓實踐工作者知道哪些體制層面會使理性改變受挫，同時也提供理論說明為何應克服這些理性改變的限制，藉著提供並**啟動解放性理論**，使行動研究合法且合理；此外，也提供理論說明**如何**克服意識形態的限制，透過行動研究的參與及合作的特性，上述這些說明都能一一顯現，哪些情境裡行動研究者以個人身分真實地參與並得到覺知，而且以共同合作群體的身分民主地參與如何組織行動。

解決這個問題的方法之一是思考**何者**的經驗被呈現出來，並在不同教育研究中改善之。在實徵性教育研究的案例裡，教師經驗被研究者的概念與語言適切且客觀地描述。在過程中，實踐者的歷史脈絡與個人知識被

連根拔除，然後在研究者的概念架構裡重構。相較之下，詮釋研究者想要重新建構參與者的生活世界，但卻是在研究者所理解的架構中適切化並重新詮釋。在上述二種情況下，研究者都是系統性地將行動知識從原本參與者自我理解與誓約的情境中移除，所以創造的是一種有別於原來的行動知識。批判教育科學的核心即是克服這種異於源頭的制度化行動知識，意在透過實踐者**自我**批判轉換並改變行動。

　　教育行動研究藉著使實踐者參與研究過程，投入、延伸並轉化其自我理解，不同於實踐者將自我理解適切化，也不是套入理論與詮釋架構的公式中，由局外觀察者的考量及興趣來塑造，而是實踐者直接將其自身的實踐理論化，並以自我批判的方式修正其理論以得到實踐的成果。因此，批判教育科學必須是參與性的：哈伯馬斯寫道：「在覺知的過程中，可能只有參與者。」[16]行動研究是實踐者為教育將研究化作實踐，而那些參與實踐者則構成了教育，因此有別於一些形式上由外在研究者企圖「從外面」解釋、詮釋或報告實踐的研究，他們在教育過程中控制知識的產生，改善實踐的處置方式需要實踐者在自我省思中驗證。雖然實踐者並未控制研究知識並評鑑實踐處置的過程，然而，他們的驗證也同樣需要被信任或尊為權威。事實上，科學機構在意識形態的運作下使這些知識合法化，說服實踐者相信這的確是權威的，因著這是照著科學過程產生的。在第二章與第三章，我們已經了解這些科學權威的宣稱實際上是多麼的薄弱，並且錯誤地詮釋理論與實踐之間的關係。在第四章，我們看到正確理解教育理論與實踐間的關係需要發展實踐者本身實踐的理論。簡言之，唯一對實踐者具強迫性的理論是由其自身反思所發展出來的理論，其他的理論可能具有煽動性、看似有趣、合理的或引人注目，但是，除非這些理論被實踐者在反思中真實地理解並批判地評估過，否則不具有強迫性。

　　因為教育行為就是**社會**行為，行動研究參與的重要性超越了過程中的個別投入，所以，要理解社會行動的本質與結果，就需要先理解他人的

觀點並且被行動所影響，所以，行動研究可說是研究過程中**合作參與**的沉澱，因為研究過程延伸包含所有參與者，以及被行動所影響的人。最終目的是讓所有參與者進行溝通，達成共同的理解與共識，在公義、民主決策中，實踐為全體利益之目標的共同行動。

在行動研究中，所有參與研究過程的人都要均等地參與每一個階段，包括計畫、行動、觀察與反思，因著如此，行動研究是民主的，因為探究知識宣稱的真實情境也同樣是批判討論的民主參與情境。[17]（在第六章）我們已經了解勒溫[18]認為行動研究是一種社會研究的民主形式，哈伯馬斯也延伸並闡述為何批判社會科學是民主的，綜合這些主張說明教育行動研究可視為批判教育科學。

在理論、實踐與政治論述的合作參與是教育行動研究的一項關鍵特色，有時這些論述只是單向的，預先顯示即將臨到的公共對話而已，許多個別的教師一研究者被迫接受這種的單向反思，因為他們的同事沒有興趣，也不支持他們。比斯利[19]在一篇有關「反身性旁觀者」（the reflexive spectator）的論文中探討個別反思的重要性；不管在任何情況下，行動研究者必須澄清其個人理解是為了與他人互動的基礎。然而，哈伯馬斯認為單獨的自我反思是危險的，他說：

> 一個單獨主體的自我反思……需要達到相當程度的自我矛盾：某部分的自我必須從其他部分分離出來，以這種方式個體能夠站在某個位置來幫助自己……（而且）在自我反思的行動中，個體能欺騙自己。[20]

行動研究的合作性本質提供了在既定社會秩序中克服阻撓理性改變的第一步：將實踐者組織成合作性群體以便達到覺醒，藉此創造了理性民主社會秩序的典範。合作性教育行動研究的實踐，期望能有一個具有理性溝通、正義與民主決策的社會秩序，並能實踐工作。而且，它使參與者專注

在想要改變自身教育行動的意向，以至於教育實踐、理解與情境不再被意識形態毀損或扭曲，因此，行動研究是參與研究過程者的一種自我教育的組織，可找到教育轉化的方向。

行動研究的一個問題是參與者無法「自然地」形成行動研究群體，組織他們的覺醒。學校教育的制度化，以及教育實踐與研究的分離，這二種實踐的同時運作下使得教育形式與研究合法化，似乎使實踐不太需要費力批判自我省思。要重新感受到教育真的有問題，而且教育行動需要合理化，所以採取某些介入是必要的。但這樣就使得介入者置身於某些矛盾的情境中，已知要信守批判教育科學及教育行動研究，以合作式批判自我反思的形式參與，這似乎抬舉介入者成為具有優越知識的姿態，才能在過程中傳授給參與者。為了說明這個議題，哈伯馬斯說：

> 那些表現較優勢者，就是喚醒那些理論上無法覺醒但又需要覺醒者，其實這是虛擬且需要自我更正的。[21]

那些介入群體生活、關心教育以建立行動研究社群的人們，通常被視為「操控者」（manipulator），事實上他們對這些群體所採取的行動是有責任的。因為在事實上他們被這樣標示是有問題的，所以有必要暫時停止（pause）討論群體如何從啟蒙組織進展到行動組織，以便檢視在不同的行動研究中局外人如何擔負起相關的群體行動責任。

對參與組織行動研究的「局外人」而言，提供教師一些物質與道德支援是很普遍的。在這位外來「促進者」與行動研究者之間所建立的關係，能深遠地影響行動研究的特徵，他們會不同程度地影響著研究過程所提及的議題與相關事項、資料蒐集、所採用的分析技術、反思的特徵，以及根據證據的詮釋等。

現今有些行動研究無法達到這裡所列出來的行動研究需求：有的是沒有考量到社會或教育實踐的系統性探究，有的是缺乏參與性或合作性，

有的則是未採用螺旋結構的自我省思。例如：那些只在實驗現場提供動力（impetus）完成研究實踐的，並不能算是行動研究，由學術界或機構研究人員（service researchers）所主導的「應用性」研究也不能算是行動研究，因為這些人員只是籠絡實踐者去替他們幫忙蒐集有關教育實踐資料而已。

當「促進者」與教師及其他人一起設立教師─研究者的計畫時，他們通常會掌控研究計畫，所以掌控權並不在教師手上。不同角色的「促進者」會設立不同的行動研究，以哈伯馬斯的知識構成觀點來看，可以區分成「技術型」、「實踐型」或「解放型」的行動研究。

最糟的是「促進者」籠絡實踐者去解決由外在形成的問題，因為這不是教師關心的實踐問題。以程度來看，這算是行動研究，形式上稱之為「**技術型**」行動研究，由局外人運用群體動力學的技術創造並持續探究局外人所提出的問題，但經常只考量研究本身的實踐效益與效用能否產出已知的結果。從局外人的觀點來看，即便採納實踐者的觀點，這類的研究也許會改善實踐。但對實踐者而言，這不能算是真實的，因為可能的結果是教師或其他人在「促進者」的威權下接受實踐的合法性，而不是由教師真實的分析自己的實踐、理解與情境。「技術型」行動研究的目的是效率及有效的實踐，以參照的標準來評斷，被分析的可能不是行動研究自己的標準。而且，這個標準也不是由實踐者的自省浮現出來的標準，而是由促進者「輸入」到研究情境裡的。

當促進者勸實踐者親自拿外在研究的發現測試自己的實踐時，「技術型」行動研究就出現了，但測試結果也只是當作補充研究文獻而已。在這種情況下，研究主要的興趣是發展並延伸研究文獻，並非來自團隊合作及自我反思的情形來發展實踐。

若要為這類行動研究辯護，應該說這種方式能使實踐產生有價值的改變。但所謂的價值則是以觀察者的眼光而言，而非從實踐者的角度。而

　　且，「技術型」行動研究能鼓勵實踐者開始更進一步地分析自己的實踐，例如：一般行動研究在開始時會詢問性別在教室互動的成效，複製衆所皆知的研究發現，並幫教師們檢視自己的實踐如何被無所不在的社會意識形態所形塑。最終也許能協助教師發展自我監控技術以便運用在分析其實踐、理解與情境裡。

　　在「**實踐型**」行動研究裡，則是由局外促進者與實踐者形成合作關係，協助實踐者說出他們的關切、計畫改變的策略性行動、監控問題並改變成效，並反思實際達成改變的價值與結果。這種型態的促進者有時被認爲是「過程諮詢」的角色，在這種情況下，局外人也許會與個別或群體實踐者一起從事共同關切的工作，但卻未能將群體實踐者有系統地發展成自我反思社群，這類行動研究之所以被標示爲「實踐型」是因爲發展了實踐者的實踐推理。之所以有別於「技術型」行動研究，是因爲質疑評斷實踐的標準，而且無法肯定透過自我反思的發展。

　　在「實踐型」行動研究裡，參與者監控自身的教育實踐，期望能立刻發展出個人的實踐判斷能力，因此，促進者扮演如同蘇格拉底的詰問者角色：對實踐者想嘗試的概念、學習更多的行動理論，乃至自我反思過程等都提出詰問。實踐型行動研究可能是邁向解放型行動研究的墊腳石，解放型的參與者能擔負起蘇格拉底詰問者的角色，協助群體進行合作式的自我反思。

　　上述幾類行動研究中最能具體呈現批判教育科學價值的是**解放型**行動研究，其參與群體共同擔負起實踐、理解和情境的責任，將這些視爲教育生活互動過程中的社會建構。教室互動並非教師一人的責任，而是將教室互動視爲學校決策的一環，在某些地區，全校想要一起決定如何實施教室互動的決策，例如：採納共同決策在教學時尊重學生所呈現的知識，或採用全校性的共同評量。這些決策關乎理解個人與群體責任間的辯證關係，亦即個人或群體都不是政策或實踐的唯一仲裁者，而且，這種合作式

行動研究以心態開放、眼界開放的方式探索問題，並顧及群體政策與個別實踐的效益。

「解放型」行動研究認爲教育發展是一種共同的活動，表達出共同承諾發展教育**實踐**成爲互動的形式，融合爲一成爲社會與教育關係的網絡；共同的教育**理論**，融合爲一，表達出對教育過程的理解，然後引導出批判性的省思，面對未來教育發展必須正視的議題；以及共同的**情境**，在其中的每個教室所進行的教學工作皆被課程及全校教育決策限制。在「解放型」行動研究裡，參與群體的任務是從無理、不義、疏離與未實踐的宰制自我解放出來，探索著習慣、習俗、往例、傳統、控制結構與官僚習性等事物，好區辨出教育與辦學之間的矛盾與無理之處。這個群體知道維持與轉換實踐的責任，也了解共同情境的特徵，並允許改變發生。這個群體即使知道靠自己行動力量所得的改變是有限的，也仍決定行動的方向，因爲如此才能更充分了解其所投入的教育價值。

因此，解放型行動研究具有實踐型行動研究的動力與形式，但是將這些延伸融入合作情境中，解放型行動研究最主要轉化教育機構的動力不只表現在個別的批判思考，也表現在改變自己的共同批判事務上，以便透過共同的實踐溝通、決策、工作與社會行動來改變體制。在此，我們重申理論／實踐及個別／體制的雙重辯證是解放型行動研究的理論核心。

以原則來說，一般合作群體的促進者角色是任何成員都可擔任的，事實上，如果這個角色由局外人持續擔任將會逐漸削弱群體對過程所應擔負的共同責任，然而，局外人在成立行動研究之自我反思社群時，可以合法地擔任促進者角色，維爾納（Werner）與德雷克斯勒（Drexler）[22]描述了「主席」的這個角色是幫助實踐者找到問題、修正實踐、辨認並發展自我理解，並共同負起的行動責任以改變情境。簡言之，「主席」能夠協助自我批判與自我反思社群的形成，但是，一旦形成後，維持並發展工作的責任則是社群本身。任何持續霸占「主席」一職的，將會破壞群體自我反思

的共同責任。

我們認為技術型行動研究的價值只侷限在某些相對環境裡，是有原因的。人們可以理解在解放型行動研究的架構裡，技術型行動研究是有意義的，以學校的評量策略為例，當個別教師探索其教學問題與評量策略之效果以便對群體反思有所貢獻時，應在發展個人形成理性辯論與民主決策學校政策、貢獻自我反思社群的事務中找到價值。簡而言之，社群情境比行動研究的技術性更重要。同樣地，因為透過延伸並挑戰形成共同實踐、理論與體制結構，個人自我反思的表達有助於社群的自我反思，所以，實踐型行動研究在解放型行動研究的情境裡顯得必要。

解放型行動研究是一種賦予參與者能力的過程，它使參與者為著更多理性、公義、民主與實現形式的教育而努力。由於它能使參與者根據自我批判反思採取行動，解放型行動研究算是一種「積極行動者」，但在創造改變的速度上卻是謹慎的，因為這速度取決於過程中參與者的反思及可能性。對某些人而言，這還不夠批判或激進，因為它只以一種實際可達成的速度產生改變，而不是某些人喜歡的速度；而且它產生的改變也比較不像某些人喜歡的那麼激進，雖然它的確具體地產生實踐、理解與情境的改變，並從實踐者的自我反思中得到承諾。行動研究顯著地賦予參與者能力，因為行動研究展開了組織覺醒與改變的過程，並在具體實踐中體現這些意義，是參與實踐的群體所誓言改善的教育。行動研究在理論方面也很有成就，因為它在具體的歷史實踐中體現了批判教育科學；它在實踐方面也具有重大意義，因為提供了一個模式，顯示解放的人類利益如何具體地表現在實踐者的工作中，並展現如何透過努力改善教育。

在某方面，組織覺醒是邁向組織行動與行動本身的一步，但這是一種理性主義對其間關係的描述，認為反思在行動開始前就結束了。在行動研究過程中，反思與行動間維持著辯證的張力，彼此以有計畫的改變、監控、反思與修正互相知會對方，行動研究認為人類實踐、理解與體制都是

可磨練的，會隨著社會歷史情境的改變而改變。在改變實踐、理解與情境時，有意地探索這些變項的力量與限制，並得知這些改變的成效，以這種方式，實踐者知道阻撓理性改變的社會秩序問題是可被克服的。

當然，在考量實踐者如何產生理性改變前，應該知道教育體制是無法被實踐者控制的外在社會壓力、實踐與政策所形塑的。因此，改變教育實踐與體制，不只需要實踐者改變其自身的實踐，也要面對其行動的限制。如此一來，為了維持並轉化教育，行動研究者藉著批判參與而形成一股批判力量。他們代表的是一種對既有權威的挑戰，經常得面對抗拒教室層級、學校層級，以及學校以上等各級的行政威權，例如：考試委員會與教育部門，以及那些期望現今教育回歸舊時代的社群。對行動研究者而言，這些衝突與面對都是難以應付的：他們可能會發現自己暴露在未曾想過的利益當中，以及強迫權力的赤裸展現，但很快地就會學到要謹慎與小心。

行動研究者常驚訝所期望的改變得到巨大回應，他們覺得過程好像「突然變得政治化了」，或是他們被教成對抗那些不屬教育的障礙與頑固的行政人員，這些人員不是拒絕去了解教育爭論，就是用「純理想主義者」的名義打發他們。上述這些現象一點也不令人驚訝，學校的存在不只是為了教育價值，也為了特別的社會利益，以及特定機構群體的自我利益。存在於教育價值與其他社會文化價值之間的衝突是非常真實的，改變學校以便更充分地體現教育價值的同時，可能會降低體現其他社會文化價值的效益。

所以，要知道教育實踐就是社會實踐，教育改變就是社會改變。這是在社會、文化、政治與經濟情境下的理解。為了在教育價值的情境下維持改變，實踐者必須同時發展教育理論及社會理論，因為批判教育理論包含在更廣泛的批判社會理論裡面，所以教育行動研究者必須在社會面向上是實際的，並在教育層面上信守承諾。他們必須發展社會組織，使其教育論述的力量能在實務中以迂迴的方式接受測試與檢驗。

六、理論與實踐的合一：批判主義與
自我反思社群的實踐

　　某些批判社會理論家認為批判主義的活動在本質上是理論的，因受限於實踐的可能性，所以限制了激進批判教育與社會的眼光。簡言之，他們認為太具「實踐性」（例如：教育行動研究將精力專注在特別地區性的立即改革）可能會使批判主義太注重現況，針對這個觀點，我們建議今日的教育必須迎向下列這些挑戰：疏離的學生、士氣低落的教師、不協調且使人提不起勁的課程。現今制度下，官僚化的學校結構嘲諷著那些關切學生、理性、公義的教育說詞，認為所有人都能因著受教育而達到有趣滿足的人生。其實，現在實際的辦學情形根本無法使我們確信學校受到教育價值的引導，因此，我們很容易與批判理論家有同感，認為學校亟需重大的轉變。然而，當面對實際，決定該做什麼才能將目前的辦學轉化成符合教育價值時，通常這些批判不是被導引到無能為力與不負責任的激進必勝信念，只要求改變卻無法以可理解的策略達成，不然就是僅僅秉持著激進的必勝信念，相信只要握有權力、下達命令就能改造社會現實。第一種做法是毫無盼望，第二種雖仍有些指望，但這兩種都是只能給自己壯膽的說法而已。如果批判主義的本質仍然只停留在理論上，那麼仍與實踐脫節，不能判斷是否以實踐解決衝突，只能運用自己的專有術語作理論論述。最糟的是，這樣就好像變成一種學識的練習題，不需要去做社會實在的實踐轉化以彰顯其力量；完全不從社會實在來談實踐。當面對實踐者時，只能提供絕望與譏諷；當面對決策者時，只能提供一如往常的承諾，一個可以「修理」學校教育的新計畫。批判主義這樣的做法只是加深對理論的文化形象，認為理論是未被實踐玷汙的理論家管轄地，而實踐則是為體現他人想法的勞力演出。因此，理論式的批判方法會危及所想要提升的情境：也

就是爲著轉化**自我**批判的非理性、不公義、強迫性與未實行社會結構的情境。

批判教育學的命運與其他批判社會理論一樣，都要連結到實際成果才有展望。要確定的是批判主義用到最尖銳嚴格的批判論述，但那不僅止於論述。強而有力的批判主義來自於實踐者要有能力參與具體相關的理論對話，實踐者要能安排情境組織他們的覺醒，並且爲實踐掙扎以求改變教育將自己組織起來。因此，實踐者參與批判教育科學的計畫並非只是理論的需求，也是實踐的需求。批判教育科學的承諾只有透過理論與實踐的辯證合而爲一後，才能兌現。教育批判科學的問題是去達成理論組成的覺醒與實踐的合一。

因此，批判理論與實踐的合一，並非是教育理論與批判實踐二者的合一，而是教育理論與實踐的合一。教育行動研究是一種實踐，將特定的教育價值具體化，同時以這些價值測試實踐。行動研究者所辯論的教育價值的本質，不只是一種理論問題，也是一種實踐問題，就是如何找到表達生命的形式。

因此，真正的批判教育學需要理論與實踐的辯證合一，哈伯馬斯的批判社會學強調組織覺知的重要性，因爲這不只跟科學論述的發展有關，也跟行動的組織有關。解放行動研究連結批判教育理論與實踐，在過程中同時需考量行動與研究，並在自我反思社群的組織裡同時包含個人與群體。

行動研究設立自我反思社群不僅考量自身情境的轉化，也同時被迫面對教育裡的非教育限制。這種教育與非教育的辯證使研究群體注意到教育實爲一個整體，以及教育與教育之外的社會結構。這也使行動研究群體開始跨出自己的行動範疇來思考，並將教育行動視爲整體社會範疇中的一部分。因著從整體思考教育，也連帶思考社會中普遍的教改需求。這個過程不只是反思或回應歷史，也同時使得這種由行動研究者所組成的專業能夠看見自己是歷史的行動者，在他們的教育**實踐**中，表達所需改變的實務

判斷。

　　這種連結理論與實踐成就的辯證性結合是教育行動研究的核心，對一個具充分連貫性的教育科學而言，其第五項必要條件（requirement）是明確的知道這本質上就是實踐性的，所以關於真理的問題，就是取決於其與實踐的連結方式。相較於其他的教育研究，也許行動研究在這方面是更符合這項需求的。

七、結　論

　　本章思考了教育行動研究與第五章所確認的五項必要條件間的關係，本章顯示出行動研究如何符合每一項必要條件，並顯示如何藉由前面提過的標準為行動研究提出合理化的論證。

　　前面的論述顯示行動研究既不屬實證論，也不屬於詮釋性的教育研究，因為其中任何一方都不足以稱之為教育科學。導出這項結論是因為行動研究的核心理念認為，教育理論與實踐之間需有連貫一致的關係，這項主張有某種重大的意義：如果這是真的，那麼目前許多投注在主流教育研究形式的精力與資源都被誤導了。

　　本章闡述了教育行動研究的某些特色，很明顯地，現今許多行動研究缺乏這些已經設立的嚴謹需求——在原理與實踐兩方面都不足。有些只是有缺點，有些則是根本無法充分滿足我們提過的必要條件，所以不能稱之為「行動研究」。然而，有足夠證據顯示出，行動研究的文獻證明這些必要條件是可以達成的，而且行動研究的反思社群能夠影響教育政策與實踐。雖然行動研究已經發展四十多年了，但還有很多潛力尚未被觸及。

　　這四十年來，行動研究的崛起如同一股熱潮，也經歷過式微的時間，然後因為受到歡迎而復甦。無疑地，狂熱分子曾引起行動研究的災

難，那些根深柢固的衛道之士也曾抗拒過這種研究形式。在學術上，行動研究挑戰著教育研究者的專家權威；在教育系統中，挑戰控制參與的官僚權威。有更多的教學專業覺知何謂處於危險的狀態，也有越來越多人認為教育不應被非實踐者掌控。教學越趨專業化，就更需要專業管理。有些行動研究可能僅限於自我專業的興趣，並沒有批判能力。因此我們看到，教育行動研究更應該邀集學生、行政人員、家長及其他相關人員參與，才能守護行動研究的未來不致於成為另一種專業的特權。然而，未來行動研究因著專業的需求，仍需要藉助教育研究的協助；目前有太多的教育研究掌握在官僚與學術權威手中。

　　在本質上，作為一種批判教育科學，教育行動研究需考量教育控制的問題，最後的結果會站在研究者的自我批判社群這一邊，這是由教師、學生、家長、教育行政人員及其他人所共同組成的。所謂批判教育的工作就是創造情境讓參與者合作擔負責任一起發展並改變教育，針對上述理想，教育行動研究提供了一種可達的方法。

▌延伸閱讀▐

　　在湯瑪斯・帕普克維茨（Tom Popkewitz）的書《教育研究的派典和意識形態》提及本章討論之許多議題。阿拉斯代爾・麥金泰爾，在他的《關於美德：道德理論研究》也有論述，雖然是由非常不同的觀點。我們最近的一些文章試圖討論教育研究連結批判理論的展望。例如：Wilf Carr 的'Philosophy Values and Educational Science''，以及凱米斯的The Socially Critical School'。

註　釋

1　MATTHEWS, M. (1980), *The Marxist Theory of Schooling: A Study of Epistemology and Education,* Brighton, Harvester, p. 80.

2　WITTGENSTEIN, L. (1974), *Philosophical Investigations,* trans. ANSCOMBE, G.E.M., Oxford, Basil Blackwell.

3　HABERMAS, J. (1971), *Toward a Rational Society,* trans. SHAPIRO, J.J., London, Heinemann.

4　FREIRE, P. (1970), *Cultural Action for Freedom,* Cambridge, Mass, Center for the Study of Development and Social Change.

5　STENHOUSE, L. (1979), 'The problem of standards in illuminative research', *Scottish Educational Review,* vol. 11, no. 1, p. 7 (reprinted in BARTLETT, L. *et al.* (Eds.) *Perspectives on Case Study 2; The quasi-historical approach,* Geelong, Victoria, Deakin University Press).

6　SANFORD, N. (1970), 'Whatever happened to action research?' *Journal of Social Issues,* vol. 26, pp. 3-23. (reprinted in KEMMIS, S. *et al.,* (1982) *Action Research Reader,* Geelong, Victoria, Deakin University Press).

7　參見STENHOUSE, L. (1975), *Introduction to Curriculum Research and Development,* London, Heinemann; (1978) 'Using research means doing research' University of East Anglia Centre for Applied Research in Education (mimeo), (prepared for *Festschrift to Johannas Sandven*); (1980) 'Curriculum research and the art of the teacher', *Study of Society,* April, pp. 14-15.

8　POLANYI, M. (1962), *Personal Knowledge: Towards a Post-critical Philosophy,* London, Routledge and Kegan Paul. 參見p. 300。

9　GAUTHIER, D.P. (1963), *Practical Reasoning,* London, Oxford University Press, chapter 1.

10　ELLIOTT, J. and ADELMAN, C. (1973), 'Reflecting where the action is: The design of the Ford Teaching Project', *Education for Teaching,* vol. 92, pp. 8-20.

11 HENRY, J. (1985), *A Critical Analysis of Action Research-Based In-service Education: Four Case Studies,* unpublished Ph.D. thesis, Geelong, Victoria, Deakin University.

12 哈伯馬斯以下面這種方式說明他的觀點：在行動中，實際主張達成效度，而效度是形成基礎的共識，這種想法是天眞的。在另一方面，論述能夠使針對問題主張的意見與規範得到合理化，以達到效度。因此，行動與經驗的系統以一種勝出的方式讓我們知道，在一種溝通形式中的參與者不交換訊息，也不引導或實踐行動，更不溝通經驗；而是追求論證或提供理由。因此論述需要使大家看得到行動的限制。這是爲了抑制所有的舉動，只讓合作性的準備度達成理解，並進一步要求關於效度的問題與創造這問題的源頭分開。論述使得從主張實境化、到達成效度變爲可能，其實這就包含在我們溝通行動目的（事情與事件、人物與發言）的宣布中，預先考量目的的存在性，以及可能存在的事實與規範。如同Husserl所說的，在論述中我們將一般的理論括弧起來，因此，事實可能、也可能不會被轉化成事件狀態，規範則被轉化成建議與警告，這些建議與警告可能是正確、適當的，也可能是不正確或不適當的。HABERMAS, J. (1974), *Theory and Practice,* trans. VIERTEL, J.Heinemann, London, pp. 18-19.

13 BERNSTEIN, B. (1975), 'Class and pedagogies: Visible and invisible', *Education Studies,* vol. 1, no. 1, pp. 23-41.

14 MCINTYRE, A. (1981), *After Virtue: A Study of Moral Theory,* London, Duckworth, p. 175.

15 同前註，p. 181。

16 HABERMAS, J. (1974), *op. cit.,* p. 29.

17 這一點在第五章引用麥卡錫（1975）的主張中強調著：因此，理想論述的情況與理想的生活形式是有關聯的；情況包含傳統如何描述自由與公義想法的概念，因此，「眞理」無法被分析成「自由」與「公義」。

（'Translator's introduction' to HABERMAS, J. *Legitimation Crisis*, Boston, Beacon Press, p. xvii.）

18 參見LEWIN, K. (1946), 'Action research and minority problems', *Journal of Social Issues*, vol. 2, pp. 34-46。然而，大部分早期的行動研究無法實踐民主的訴求；對批判而言，參見GRUNDY, S. and KEMMIS, S. (1981), 'Social theory, group dynamics and action research', paper presented at the 11th annual conference of the South Pacific Association for Education, Adelaide, July.

19 BEASLEY, B. (1981), 'The reflexive spectator in classroom research', paper presented to the annual meeting of the Australian Association for Research in Education, Adelaide, November.

20 HABERMAS, J. (1974), *op. cit.,* p. 29.

21 同前註，p. 40。

22 WERNER, B. and DREXLER, I. (1978), 'Structures of communication and interaction in courses for junior faculty members of the faculties of engineering', in BRANDT, D. *The HDZ Aacheu,* 4th International Conference on Improving University Teaching, Aachen, July.

第八章

教育研究、教育改革與專業角色

一、前　言

　　這本書主要是在探討教育研究的主流觀點（dominant views）——實證主義和詮釋主義，它們在教育理論與實踐之間的關係上缺乏充分論述。第四章討論到理論和實踐之間存在著「落差」，實際上這是教育研究本來就會有的特質（endemic），而且從理論到實踐缺乏一個「銜接」（transition），反之亦然。而真正關鍵的轉變，應該是從「無知」到「具有知識」，從「習慣性」（habit）到「反思」自己在教育時做了什麼。

　　根據這個論述（argument）的觀點，實證主義的優勢剛好是詮釋主義的弱點，反之亦然。實證主義的方法，藉由忽視教育問題是需要事先詮釋的，而有效排除**教育**的特質；詮釋學方法透過將實務工作者的自我理解，從直接、具體和實際的批評中抽離出來，有效地排除了他們的問題特質。因此，一個教育科學的觀點，必須排除實證主義將實務性的教育問題視同理論性的科學問題的傾向，以及排除詮釋主義將理論性的理解視同實務工作者自我理解的傾向。相反地，它必須發展教育實務的理論，根據具體的教育經驗和實務工作者的情況，使他們能夠面對這些經驗與情境所引發的教育問題。

　　本章的目的是要思考認識論觀點的一些社會啓示。實證主義和詮釋性研究觀點使得理論與實務分離，導致「理論家」和「實務工作者」的分工中被制度化（institutionalized）了。因此，彌補實務工作者其教育實務觀念中的不足之處，並非僅僅揭露可能的個人誤解。而是讓他們可以從錯誤觀念中解脫，讓教育研究與政策可以系統性地發展、傳播與維持。教育理論與教育實務在認識論上的分離具有其社會的相對性（social counterpart），此相對性的分離，如同二元對立，把教育研究者及政策制訂者擺在一邊，教育實務工作者則擺在另一邊。

　　爲此，我們有必要找到一個概念，去克服教育理論與教育實務的二元對立，這個二元對立導致教育研究者與其教育實務工作分離。爲了讓教育理論與教育實務統合，我們必須重新思考教育專業的概念；在第一章中，我們在這樣的基礎上，論述了教育科學的構成與本質。然而，在這樣做之前，我們應該回到教育科學的不同取向，並顯示那些取向所隱含的教育改革概念。然後，對不同的教育相關族群而言，教育發展才可能成爲一個批判性工作，並賦予教育專業更廣泛的任務，以發揮其作用。

二、教育研究、政策與改革

　　所有教育研究創造出來的知識，可能具有「政治經濟性質」（political economy）：某些人提供研究的想法，某些人執行研究的工作，接著帶來某些結果，而某些利益就被創造出來，回饋給這些研究者與其產品。研究贊助者、研究工作者和研究使用者可以是不同的群體，也可能彼此重疊；換言之，這些工作及其產品提供不同的利益來滿足不同的團體。因此，「教育研究到底爲誰服務」的問題，將因不同的研究而有不同的答案。如同研究「由誰完成？」與「被誰書寫？」，也會因爲不同的研究而

有不同的答案。

　　一般的答案會說研究是為了學生或社會，這是都是表面修辭的說法，現實上，這種廣義的答案掩飾了一些特定研究知識的政治經濟性質。所有學生或整個社會都沒有任何研究來論述；只有特定的一群人實際參與研究，閱讀報告，或對其研究結果採取行動，而這一群人只占大群體的一小部分。特定研究是由具有某些利益的團體發起的、進行，並加以使用。這些利益各不相同，可能會產生衝突。為了給出一些明顯的例子，某些政策制訂者可能需要一個合法化或挑戰性的方案，某些研究人員可能想要出版或得到聲望，某些教師可能希望工作條件得到改善，某些學生可能想要更加掌控他們的學習條件，某些家長可能希望保證他們的孩子能夠成功，某些雇主可能想要更有效率的員工，而某些校長或負責人可能希望學校運作順利，避免人際或團體間產生緊繃關係。因此，任何人可能在參與一項教育研究時，詢問該研究可能會為哪些人帶來實際利益，這是合情合理的。

　　傳統的教育研究是一種制度化的活動。它是教育當局、大學、學校和其他機構的角色和關係的結構體系的一部分。獲得認證（credentials）可能是進行這項研究的先決條件；它可能需要財政和行政單位來組織它；它可能需要為政府機構或學術刊物製作報告；或可能需要獲得許可權才能順利出版。由於這個過程會干預學校的工作和生活，它通常需要透過正式的法案或政策來達成。至於教育和學校的不同，在於教育的說辭（rhetoric）和價值，需要透過學校體制得到正式的認可。儘管人們對此不感興趣，但教育研究的實際政治經濟價值，在這種制度化的結構中運作，往往需要它的支持，而且常常為其利益服務。雖然教育研究是在利益和利益集團之間爭鬥的工具，但它仍是教育要靈活運作，並維持整體社會關係複製的一個必要的意識形態組織。這些論述重點往往聚焦在某些問題，例如「哪些」套裝課程方案比較受歡迎，且應加以規範，而非思考這些課程方案是否應

該發展；或聚焦在教育系統中特定方面的相對重要性，而非創造這個結構的當代適切性；聚焦在概念的意義，而非使用者的利益；聚焦在教育中特定參與者的自我理解與觀點，而非哪些觀點如何受到歷史的形塑。教育研究以學科爲中心，著眼於狹隘的問題，往往失去了更廣泛的視野和牴觸性，讓教育批判成爲可能。

儘管教育研究通常被認爲有助於教育改革，但「改革教育」幾乎總是意味著改革體制結構。因此，教育研究人員對教育政策「自然」（natural）會產生興趣，並形成教育系統組織和運作的指導原則。在這一觀點上，教育理論提出了關於教育安排的一般原則，而教育政策則是教育理論的行政版本，是約束參與者的制度原則。如果這種觀點被接受，那麼幾乎所有的教育研究都是政策研究，目的是透過改變政策來影響教育實踐。

這一觀點簡單地將教育理論中的二元論與教育實務區分開來，且讓這種關係具體化爲教育政策與實務的關係。它在政策制訂者、研究人員和實務工作者的分工中，把認識論的主張納入權力關係的經濟和政治範疇。我在前面章節中提及，認識論上的錯誤現在轉化成爲文化或政治上的錯誤。

正如不同的教育研究方法對理論與實務關係有不同的看法，不同教育研究方法也包含不同的研究觀點。研究方法的選擇涉及對研究對象預設性質的選擇（如同物理科學的某種「現象」、詮釋科學的「觀點」，或者批判性教育科學「歷史形塑的**實踐**」）。如果這些研究方法的選擇是「方法論」的科學準則，那麼關於教育的性質，作爲一個探究對象，其假設將會被證實，不是因爲這些假設的「正確性」，而是因爲每種方法總是產生滿足不同標準的結果。以這種方式，研究實務本身將制度化研究方法和研究執行者的傳統。

然而，如果從他們對自己成就的主張的觀點，來考慮教育研究方法，就可以清楚看出，他們對成就的看法與他們對理論的特定看法有關，這些看法涉及理論與實務的關係，以及研究與改革的關係。例如實證主義

取向將教育事件與實務，視爲可以「客觀」處置的「現象」。它將學校教育視爲一個傳輸系統，透過改進該系統的技術來提高效率。它的推理形式是技術推理，它對技術性控制的興趣，轉化成管理者對階層或官僚體制的控制。它認爲政策可以透過指令下達，改革是可以管理的。雖然在一些極端案例中，它設想一種技術專家政治（technocracy），由研究者控制教育系統；更多時候，它設想研究者與政策制訂者形成聯盟，其中研究者創造出合法的理論，構成制度化教育的行政和社會關係。

　　詮釋主義研究將教育視爲參與教育過程和機構的一種生活體驗，他們的推理形式是實用的，目的在於轉化實務工作者的意識，以便給他們一個理由，決定如何改變自己。它的目的是透過教育實務工作者來改變教學；它假設研究人員和實踐者之間，理性說服是唯一的主動力量；在其中，實務工作者可以根據他們的實務經驗，自由做出如何改變他們實務的決定。它對政策抱持懷疑態度，因爲它相信實務工作者的智慧，而非制度化的教育改革力量。它設想在研究者、實務工作者與政策制訂者之間一種自由和教育的結盟，而非管理和規範的結盟，其中明智的政策應該可以傳達普遍的共識，而且儘量減少對專業判斷的限制。

　　批判性的教育研究，包括合作行動研究，將教育視爲一個形成意識形態的過程。它的推理形式是實用、批判的；它藉由解放的興趣改變教育，藉以實現理性、正義，獲得一個有趣且令所有人滿意的教育。它以批判意識形態爲目的，揭露對實踐者和政策制訂者的思想束縛，揭露制度化教育結構所保留的利益。它對政策抱持批判觀點，因爲政策傳達了意識形態和主流群體的利益；它對改革抱持解放觀點，設想研究人員和實務工作者或政策制訂者之間沒有結盟，除非可能需要在研究者與實務工作者社群間開啓一個批判的或自我批判的過程。

　　請注意，雖然前兩種教育研究方法都包含（embody）了結合實務工作者實踐與理論家理論或管理者政策的概念，但批判性的教育科學卻不會

這麼做。它非常關心實踐者的理論，因為它與理論家、行政人員創造對實務工作者的規範方式一樣。在合作行動研究中，教育理論的發展是透過教育本身發展的一個完整的部分；教育政策發展是教育改革民主化過程的一部分。每一個都是「整體的」（integral），在這個意義上，兩者都是缺一不可的。正如沒有所謂從理論過渡到實踐，也沒有所謂從政策過渡到改革。政策就是解放的過程，政策就是在改革中逐步加以實現。哈伯馬斯在他所寫〈自我省思的力量〉中指出，知識與興趣是合一的。[1]

三、教育行動研究與專業

在第一章中有人提出，「專業」通常有三項特點。第一，「專業」應以理論知識和研究為基礎。第二，專業成員對服務對象的福祉做出優先（overriding）承諾。第三，該專業的個人和團體對於任何特定情況下所採取的具體行動方針，有權保留自主和獨立判斷，不受外部非專業的控制和限制。解放性的行動研究建議維持教學專業形象，應該以獨特的方式維持這些特點。

首先，解放性的行動研究提供了一種測試和改進教育實務的方法，並以專業教師的理論知識與研究為基礎，建立教學實務和程序。在教學和學習層面上，教師和學生可以透過這種方法來探索、改進自己的課堂實務。在課程層面上，它也提供了一個方法，可以探索、改進課程實務的建構。在學校組織層級方面，它也提供一種探索和改進學校組織的方法（例如：將知識劃分為「學科」，以便分配時間和工作人員的資源，評量學生的學習，以及制訂決策，透過學校政策來規範學校的運作）。在學校與社區關係層面上，行動研究提供一種探索和改進學校作為社區中專門教育機構的方法（例如：向家長提出報告，將「學校知識」與社會當代環境、社會、

政治和經濟問題聯繫起來，促使社區參與課程決策和教育實務）。在每種
情況下，行動研究都提供了一種方法來使當前的實務工作更具理論基礎，
並提供批判反思來轉化實務工作。

在整個過程中，解放性行動研究提供了有關評鑑溝通、決策與教育工
作等層面的標準。它提供一種管道，讓教師可以組織探究團體，進行自我
的啟蒙或學習。這是一個獨特的教育任務，解放性行動研究本身就是一個
教育過程。因此，教師們面臨的挑戰是，他們在自己的課堂上透過批判自
我反省，在自己的專業發展基礎上規劃教育的過程。這種一致性的方法運
用在專業發展與學生教育之間，是這個教育專業的一個顯著特徵。解放性
行動研究提供一種研究取向，為專業實務發展提供理論和研究基礎。

專業的第二個特點是對其服務對象福祉的承諾，它指的是在教學專
業方面，包括對學生的教育，以及對學校在家長和社會方面的教育作用。
學校具有教育性角色是毋庸置疑的。但是，如果更批判性地探討學校角色
和職能，顯然學校在教育工作中不斷受到鉗制，而且越來越被迫式形成被
動的傳輸單位（transmitter），這導致學校只是再製了社會、政治和經濟
關係的現狀。這基本上是一種社會化作用：不經批判地為學生參與既定
社會、經濟框架而準備。很多時候，學校把社會結構視為理所當然，而非
有問題的結構，儘管它是由人和社會建構而成，也是許多決定和期望的產
物。如果學校接受了以下的假設：我們的社會結構是「自然形成」或「被
人為賦予的」（given），那就是剝奪了教育的批判功能與學校的批判
角色。

這意味著，如果學校要成為教育機構，就必須接受超出成員能力範圍
的義務，例如政府教育政策、教師就業條件和社區教育。因此，這個專業
負有特殊責任，促進整個社會的批判性反思，以及在自我教育過程中，對
合理性和公正性進行批判反省。解放性行動研究是一種方法，透過專業承
諾，對服務對象的福祉進行批判性分析和擴展。

　　如果教育專業有權對以上的做法做出判斷，而不受外部非專業的束縛，成員就必須在獨特的教育科學基礎上發展出專業實務。然而，鑒於教育的批判本質，專業不能脫離對服務對象的關注和利益。如果要發揮關鍵功能，就必須讓學生、家長、雇主和社區參與課程決策，並在可能的情況下參與教育活動。該專業的自由存在於一個社區框架內。換言之，因為教育實務本質上是政治性的（以犧牲其他人利益為代價，分配生命中的機會，並引導學生用特定方式適應社會生活），教師必須考量學校中不同服務對象的價值和利益。

　　然而，教師的專業判斷仍屬於專業特權。所有教育決定的後果不能由代表所有服務對象群體利益的團體或委員會來承擔，因為實際教育決策的本質是必須當下做出決定。正因如此，社會需要專業的教師，而不是只會教書的教師（教學技術人員）。所有個別教師的實務決定，都應受到兩項保障措施的影響：首先，應讓他們了解批判性的教育理論和研究；其次，他們應該被引導（應該指引他們）形成對服務對象的普遍承諾，承諾讓學生、家長、雇主與其他社區成員參與課程決策的過程。

　　除了個人層面，學校還可以組織並培育重要工作人員團體，調查學校層級的做法，整個專業可以組織研究網絡，讓實務工作得以批判性地發展。在某種程度上，這些活動已經通過校本課程發展和學校控制的在職教育。強化這些調查網絡是教師專業的重要優先項目。

四、結　論

　　有鑒於目前教育專業狀況，教師士氣是低落的，而學生面對不確定的未來，他們的士氣也需要提升，因此，我們迫切需要對教育系統與組織進行澈底地批判。當然，要斷言行動研究可以提供方式（法），單靠教育

專業就可以片面的地形成批評，也有點不切實際。這需要言論自由、共同承諾確保對話不受限制、採取適當的預防措施防止自私自利的支配和控制過程，並讓參與人員自由做出決策。這個願望有一點烏托邦，也許可以實現，但似乎也沒有其他選擇。如果批判理論的發展、真實的洞察力、明智審慎的決策，能夠在困境中實現，那麼就沒有其他選擇，只能儘量實現它們，並盡可能地闡明廣泛應用時會遇到的阻礙。

　　透過這種方式，我們可以建立批判行動社群，研究人員致力於直接與學習社群的個人和團體合作。在實務中，要求教師在學校形成批判的行動社群，逐步將學生和學校社群成員納入自我反省的合作組織。在這個系統層級中，這意味著督導（advisers）、召集人和課程發展人員必須將方案學習和相關政策責任，下放給其他教師與人員，並承諾投入資源，支持這個行動團體的學習過程。

　　在這個教育系統日益科層體制管理的時代，專業人士需要組織起來，支持和保護其專業工作的需求非常明顯的。此外，如果教育的中心目標是對我們社會的文化傳統進行批判性的傳輸、詮釋和發展，那麼就需要一種研究的形式，把精力和資源集中在政策、過程和實務，以達到目標，這樣的需求也很明顯。解放性行動研究屬於一種批判性教育科學類型，它提供了一種手段，使得教學專業和教育研究得以重新建構，以達到這些的目的。

註　釋

1　HABERMAS, J. (1972), *Knowledge and Human Interests,* trans. SHAPIRO, J.J. London, Heinemann, p. 314.

參考文獻

ADAMS, J. (1928), *Educational Theories,* London, Ernest Benn.

APPLE, M. (1979), *Ideology and Curriculum,* London, Routledge and Kegan Paul.

ARISTOTLE, (1973), *The Nicomachean Ethics,* tr. H.G.GREENWOOD, New York, Arno Press.

ARY, D. *et al.* (1972), *Introduction to Research in Education,* New York, Holt, Rinehart and Winston.

AYER, A.J. (1946), *Language, Truth and Logic,* 2nd edn., New York, Dover Publications.

AYER, A.J. (1964), *Man as a Subject for Science,* London, Athlone Press.

BAIN, A. (1879), *Education as Science,* London, Kegan Paul.

BANKS, O. (1976), *The Sociology of Education,* New York, Schocken Books.

BEARD, R., and VERMA, G.K. (1981), *What is Educational Research?* Gower Pub. Co.

BECKER, M.S. (1958), 'Problems of inference and proof in participant observation', *American Sociological Review,* vol. 23.

BENNETT, N. (1975), *Teaching Styles and Pupil Progress,* London, Open Books.

BERGER, P.L., and LUCKMAN, T. (1967), *The Social Construction of Reality,* London, The Penguin Press.

BERGER, P., BERGER, B., and KELLNER, H. (1973), *The Homeless Mind: Modernisation and Consciousness,* New York, Random House.

BERNSTEIN, B. (1975), 'Class and pedagogies: Visible and invisible', *Educational Studies,* vol. 1, no. 1, pp. 23–41.

BERNSTEIN, R.J. (1972), *Praxis and Action,* London, Duckworth.

BERNSTEIN, R.J. (1976), *The Restructuring of Social and Political Theory,* London, Methuen University Paperback.

BLEICHER, J. (1980), *Hermeneutics as Method, Philosophy and Critique,* London, Routledge and Kegan Paul.

BOHM, D. (1974), 'Science as perception-communication', in SUPPE, F. (Ed.), *The Structure of Scientific Theories,* Urbana, 111., University of Illinois Press.

BOOMER, G. (Ed.) (1982), *Negotiating the Curriculum,* Sydney, Ashton Scholastic.

BOWLES, S., and GINTIS, H. (1976), *Schooling in Capitalist America,* London, Routledge and Kegan Paul.

BREDD, E. and FEINBERG, W. (Eds) *Knowledge and Values in Social and Educational Research,* Philadelphia, Temple.

BROADFOOT, P. (1979) 'Educational research through the looking glass', *Scottish Educational Review,* vol. 11, no. 2, pp. 133–42.

BROCK-UTNE, B. (1980) 'What is educational action research?' *Classroom Action Research Network Bulletin,* no. 4, summer.

BROWN, L., HENRY, C., HENRY, J., and MCTAGGART, R. (1981), 'Action research: notes on the national seminar', School of Education, Geelong, Victoria, Deakin University (mimeo).

BROWN, L., HENRY, C., HENRY, J. and MCTAGGART, R. (1982), 'Action research: notes on the national seminar', *Classroom Action Research Network Bulletin,* no. 5, pp. 1–16.

CAMPBELL, D.T. (1974a), 'Evolutionary epistemology', in SCHILPP, P.A (Ed.), *The Philosophy of Karl Popper,* vol. 14, I and II, *The Library of Living Philosophers,* La Salle, 111. Open Court.

CAMPBELL, D.T. (1974b), 'Qualitative knowing in action research', North-western University (mimeo), transcript of the Kurt Lewin Memorial Address to the American Psychological Association, 1 September.

CANE, B. and SCHRODER, C. (1970), *The Teacher and Research,* Slough, NFER.

CARNAP, R. (1967), *The Logical Structure of the World,* tr. R.A.GEORGE, Berkeley, Ca., University of California Press.

CARR, W. (1980), 'The gap between theory and practice', *Journal of Further and Higher Education,* vol. 4, no. 1, pp. 60–9.

CARR, W. (1985) 'Philosophy, values and educational science', *Journal of Curriculum Studies,* 17, 2, pp. 119–32.

CHALMER, A.F. (1978), *What is this Thing called Science?* Queensland, University of Queensland Press.

CHARLESWORTH, M. (1982), *Science, Non-Science and Pseudo-Science,* Geelong, Deakin University Press.

CICOUREL, A.V., and KITSUSE, J. (1963), *The Educational Decisionmakers,* Indianapolis, Ind., Bobbs-Merrill Co.

CODD, J. (1983) 'Educational research as political practice', paper presented to the Annual Meeting of the Australian Association for Research in Education, Canberra, November.

COMSTOCK, D. (1982) 'A method for critical research', in BREDO, E. and FEINBERG, W. (Eds) *Knowledge and Values in Social and Educational Research,* Philadelphia, Temple University Press.

CONNELL, W.F., DEBUS, R.L., and NIBLETT, W.R. (Eds) (1966), *Readings in the Foundations of Education,* Sydney, Novak.

CONNELL, W.F. *et al.* (1962), *The Foundations of Education,* Sydney, Novak.

CONNERTON, P. (Ed.), (1975), *Critical Sociology: Selected Readings,* Harmondsworth, Penguin.

COREY, S.M. (1953), *Action Research to Improve School Practices,* Columbia, New York Teachers' College.

CRONBACH, L.J., and SUPPES, P. (1969), *Research for Tomorrow's Schools,* London, Macmillan.

DEAKIN UNIVERSITY (1981), *The Action Research Reader,* Geelong, Deakin University Press.

DEWEY, J. (1939), *Freedom and Culture,* New York, G.P.Putnam and Sons.

Dow, G. (Ed.) (1982), *Teacher Learning,* Melbourne, Routledge and Kegan Paul.

EISNER, E.W., and VALLANCE, E. (Eds), (1974), *Conflicting Concepts of Curriculum,* Berkeley, McCutchan.

ELLIOTT, J. (1976–77), 'Developing hypotheses about classrooms from teachers' practical constructs: An account of the Ford Teaching Project', *Interchange,* vol. 7, no. 2, pp. 2–20.

ELLIOTT, J. *et. al.,* (1981), *School Accountability,* London, Grant McIntyre.

ELLIOTT, J. and ADELMAN, C. (1973) 'Reflecting where the action is: The design of the Ford Teaching Project', *Education for Teaching,* vol. 92, pp. 8–20.

ENTWISTLE, N.J., and NISBET, J.D. (1972), *Education Research in Action,* London, University of London Press.

FARGANIS, J. (1975), 'A preface to critical theory', *Theory and Society,* vol. 2, no. 4, pp. 483–508.

FAY, B. (1977), *Social Theory and Political Practice,* London, George Allen and Unwin.

FENTON, J. *et al.* (1984) *School-Controlled In-service Education,* a report of the Wimmera school-controlled in-service education project, Horsham, Education Department of Victoria (mimeo).

FEYERABEND, P.K. (1975), *Against Method: Outlines of an Anarchist Theory of Knowledge,* London, New Left Books.

FILMER, P. *et al.* (1972), *New Directions in Sociological Theory,* New York, Collier Macmillan.

FREIRE, P. (1970) *Cultural Action for Freedom,* Cambridge, Mass, Center for the Study of Change.

GADAMER, H.G. (1975), *Truth and Method,* London, Sheed and Ward.

GADAMER, H.G. (1977), 'Theory, science, technology: The task of a science of man', *Social Research,* vol. 44, pp. 529–61.

GAGE, N.L. (Ed.) (1973), *Handbook of Research on Teaching,* Chicago, Rand McNally.

GAUTHIER, D.P. (1963), *Practical Reasoning,* London, Oxford University Press.

GIDDENS, A. (1974), *Positivism and Sociology,* London, Heinemann.

GINTIS, H. (1972), 'Towards a political economy of education', *Harvard Educational Review,* vol. 42, pp. 70–96.

GLASER, B., and STRAUSS, A. (1967), *The Discovery of Grounded Theory,* Chicago, Aldine.

GOLDMAN, L. (1968), 'Criticism and dogmatism in literature', in COOPER, D. (Ed.) *The Dialectics of Liberation,* London, Pelican.

GOULDNER, A. (1976), *The Dialectic of Ideology and Technology,* London, Macmillan.

GRUNDY, S., and KEMMIS, S. (1981), 'Social theory, group dynamics and action research', paper presented at the 11th Annual Conference of the South Pacific Association for Teacher Education, Adelaide, July.

HABERMAS, J. (1970), 'Towards a theory of communicative competence', *Inquiry,* vol. 13.

HABERMAS, J. (1971), *Toward a Rational Society,* tr. J.J.SHAPIRO, London, Heinemann.

HABERMAS, J. (1972), *Knowledge and Human Interests,* tr. J.J.SHAPIRO, London, Heinemann.

HABERMAS, J. (1973a), 'A postscript to knowledge and human interest', *Philosophy of the Social Sciences,* vol. 3.

HABERMAS, J. (1973b), *Legitimation Crisis,* tr. T.MCCARTHY, Boston, Beacon Press.

HABERMAS, J. (1974), *Theory and Practice,* tr. J.VIERTEL, London, Heinemann.

HABERMAS, J. (1979), *Communication and the Evolution of Society,* tr. T. MCCARTHY, Boston, Beacon Press.

HAMILTON, D. *et al.* (Eds) (1977), *Beyond the Numbers Game,* London, Macmillan.

HAMILTON, D. (1980), 'Educational research and the shadow of John Stuart Mill', in SMITH, J.V. and HAMILTON, D. (Eds), *The Meritocratic Intellect: Studies in the History of Educational Research,* Aberdeen, Aberdeen University Press.

HANNAN, W. (1982) 'Assessment, reporting and evaluation in democratic education', *VISE News* (The information bulletin of the Victorian Institute of Secondary Education, 582 St. Kilda Road, Melbourne, Victoria, 3004, Australia), no. 31, July/August.

HANSON, N.R. (1958), *Patterns of Discovery,* Cambridge, Cambridge University Press.

HARGREAVES, D. (1967), *Social Relations in a Secondary School,* London, Routledge and Kegan Paul.

HARTNETT, A. and NAISH, M. (1976), *Theory and the Practice of Education,* London, Heinemann Education.

HELD, D. (1980), *Introduction to Critical Theory,* London, Hutchinson.

HEMPEL, C.G. (1966), *Philosophy of Natural Science,* Englewood Cliffs, N.J., Prentice Hall.

HEMPEL, C., and OPPENHEIM, P. (1948), 'The covering law analysis of scientific explanation', *Philosophy of Science,* vol. 15, no. 2, pp. 135–74.

HENRY, J. (1985) *A Critical Analysis of Action Research Based In-service Education: Four Case Studies,* unpublished Ph.D. thesis, Geelong, Victoria, Deakin University.

HIRST, P.H. (1966), 'Educational theory', in TIBBLE, J.W. (Ed.), *The Study of Education,* London, Routledge and Kegan Paul.

HIRST, P.H. (1974), *Knowledge and the Curriculum,* London, Routledge and Kegan Paul.

HIRST, P.H. (1983) 'Educational theory' in HIRST, P.H. (Ed.) *Educational Theory and Its Foundation Disciplines,* London, Routledge and Kegan Paul.

HORKHEIMER, M. (1972), 'Traditional and critical theory', in HORKHEIMER, M., *Critical Theory,* New York, The Seabury Press.

HOYLE, E. (1972), 'Education innovation and the role of the teacher', *New Forum,* vol. 14, pp. 42–4.

HOYLE, E. (1974), 'Professionality, professionalism and control in teaching', *London Educational Review,* vol. 3, no. 2, pp. 15–17.

JAY, M. (1973), *The Dialectical Imagination: The History of the Institute for Social Research and the Frankfurt School, 1923–50,* Boston, Little, Brown & Co.

JENCKS, C. *et al.* (1975), *Inequality: A Reassessment of the Effect of Family and Schooling in America,* Harmondsworth, Penguin.

JONICICH, G.M. (Ed.) (1962), *Psychology and the Science of Education: Selected Writings of Edward L.Thorndike,* New York, Teachers College Columbia University Press.

KALLOS, D., and LUNDGREN, U.P. (1979), 'Lessons from a comprehensive school system for curriculum theory and research', *Journal of Curriculum Studies,* reprinted in TAYLOR, P.H. (Ed.), *New Directions in Curriculum Studies,* Lewes, Falmer Press.

KARIER, C.J. (1974), 'Ideology and evaluation: In quest of meritocracy', in APPLE, M.W. *et al.,* (Eds), *Educational Evaluation: Analysis and Responsibility,* Berkeley, Ca., McCutchan.

KEDDIE, N. (1971), 'Classroom knowledge', in YOUNG, M.F.D. (Ed.), *Knowledge and Control,* London, Collier Macmillan.

KEMMIS, S. *et al.,* (Eds) (1982a), *The Action Research Reader,* Geelong, Victoria, Deakin University Press.

KEMMIS, S. (1982b) 'The remedial reading group: a case study in cluster-based action research' in KEMMIS, S. *et al.* (Eds) *The Action Research Reader,* Geelong, Victoria, Deakin University Press.

KEMMIS, S. (1982c) 'The Socially Critical School'. Paper presented at the annual conference of the Australian Association for Research in Education, Brisbane.

KOLAKOWSKI, L. (1972), *Positivist Philosophy,* Harmondsworth, Penguin.

KUHN, T.S. (1970), *The Structure of Scientific Revolutions,* 2nd edn, Chicago, University of Chicago Press.

LACEY, C. (1970), *Hightown Grammar,* Manchester, Manchester University Press.

LAKATOS, I. (1970), 'Falsification and the methodology of scientific research programmes', in LAKATOS, I. and MUSGRAVE, F. (Eds), *Criticism and the Growth of Knowledge,* Cambridge, Cambridge University Press.

LAKATOS, I., and MUSGRAVE, F. (Eds), (1970), *Criticism and the Growth of Knowledge,* Cambridge, Cambridge University Press.

LANGFORD, G. (1973), 'The concept of education', in LANGFORD, G. and O'CONNOR, D.J. (Eds), *New Essays in the Philosophy of Education,* London, Routledge and Kegan Paul.

LANGFORD, G. (1978), *Teaching as a Profession,* Manchester, Manchester University Press.

LANGFORD, G., and O'CONNOR, D.J. (Eds), (1973), *New Essays in the Philosophy of Education,* London, Routledge and Kegan Paul.

LEWIN, K. (1946), 'Action research and minority problems', *Journal of Social Issues,* vol. 2, pp. 34–6.

LEWIN, K. (1952), 'Group decision and social change', in SWANSON, G.E., NEWCOMB, T.M., and HARTLEY, F.E. (Eds), *Readings in Social Psychology,* New York, Holt.

LOBKNOWICZ, N. (1967), *Theory and Practice: History of a Concept from Aristotle to Marx,* Notre Dame, University of Notre Dame Press.

LOVELL, K., and LAWSON, K.S. (1970), *Understanding Research in Education,* London, University of London Press.

LUNDGREN, U.P. (1972), *Frame Factors and the Teaching Process,* Stockholm, Almqvist and Wiskell.

LUNDGREN, U.P. (1977), 'Model analysis of pedagogical processes', *Studies in Curriculum Theory and Cultural Reproduction,* vol. 2, Lund, Sweden, CWK Gleerup.

MCCARTHY, T. (1975), 'Translator's Introduction' to HABERMAS J. *Legitimation Crisis,* Boston, Beacon Press.

MCCARTHY, T. (1978), *The Critical Theory of Jurgen Habermas,* Cambridge, MIT Press.

MCINTYRE, A. (1981) *After Virtue: A Study of Moral Theory,* London, Duckworth.

MCTAGGART, R. *et al.* (1982), *The Action Research Planner,* Geelong, Victoria, Deakin University Press.

MAGER, R.F. (1962), *Preparing Instructional Objectives,* Palo Alto, Ca., Fearon.

MAO TSE TUNG (1971), 'On contradiction', in *Selected Readings from the Works of Mao Tse Tung,* Peking, Foreign Languages Press.

MARCUSE, H. (1964), *One-dimensional Man,* Boston, Beacon Press.

MARX, K. (1941) 'Theses on Feuerbach', in ENGELS, A. (Ed.) *Ludwig Feuerbach,* New York, International Publishers.

MARX, K. (1967), *Writings of the Young Marx on Philosophy and Society,* EASTON, L.D. and GUDDAT, K.H. (Eds), New York, Anchor Books.

MATTHEWS, M. (1980) *The Marxist Theory of Schooling: A Study of Epistemology and Education.* Brighton. Harvester.

MILL, J.S. (1963), *Collected Works,* Toronto, University of Toronto Press. (Originally written 1843.)

MUSGROVE, F. (1979), 'Curriculum, culture and ideology', *Journal of Curriculum Studies,* reprinted in TAYLOR, P.H. (Ed.), *New Directions in Curriculum Studies,* Lewes, Falmer Press.

NAGEL, E. (1969), 'Philosophy and educational theory', *Studies in Philosophy and Education,* vol. 7, pp. 5–27.

NAGEL, E. (1961), *The Structure of Science,* London, Harcourt Brace Jovanovich.

NIXON, J. (1981), *A Teachers' Guide to Action Research,* London, Grant McIntyre.

O'CONNOR, D.J. (1957), *An Introduction to the Philosophy of Education,* London, Routledge and Kegan Paul.

O'CONNOR, D.J. (1973), 'The nature and scope of educational theory', in LANGFORD, G. and O'CONNOR, D.J. (Eds), *New Essays in the Philosophy of Education,* London, Routledge and Kegan Paul.

OUTHWAITE, W. (1975), *Understanding Social Life: The Method Called Verstehen,* London, Routledge and Kegan Paul.

PARLETT, M., and HAMILTON, D. (1976), 'Evaluation as illumination: A new approach to the study of innovatory programs', in TAWNEY, D.A. (Ed.), *Curriculum Evaluation Today: Trends and Implications,* London, Macmillan Education.

PARLETT, M., and HAMILTON, D. (1977), 'Evaluation as illumination', in HAMILTON, D. *et al.,* (Eds), *Beyond the Numbers Game,* London, Macmillan.

PETERS, R.S. (1956), 'Education as initiation', in ARCHAMBAULT, R.D. (Ed.) *Philosophical Analysis and Education,* London, Routledge and Kegan Paul.

PETERS, R.S. (Ed.), (1973), *The Philosophy of Education,* London, Oxford University Press.

POLANYI, M. (1962), *Personal Knowledge: Towards a Post-critical Philosophy,* London, Routledge and Kegan Paul.

POPKEWITZ, T. (1984) *Paradigm and Ideology in Educational Research,* Lewes, Falmer Press.

POPPER, K.R. (1963), *Conjectures and Refutations,* London, Routledge and Kegan Paul.

POPPER, K.R. (1966), *The Open Society and its Enemies,* London, Routledge and Kegan Paul.

POPPER, K.R. (1972), 'Two faces of commonsense: An argument for commonsense realism and against the commonsense theory of knowledge', in *Objective Knowledge: An Evolutionary Approach,* Oxford, Clarendon Press.

REICH, C.A. (1970), *The Greening of America,* New York, Random House.

REID, L.A. (1962), *Philosophy and Education,* London, Heinemann.

REYNOLDS, J., and SKILBECK, M. (1976), *Culture and the Classroom,* London, Open Books.

RIORDAN, L. (1981), 'The formation of research communities amongst practising teachers: some problems and prospects', paper presented at the Annual Meeting of the Australian Association for Research in Education, Adelaide, November.

ROBOTTOM, I. (1983), *The Environmental Education Project: Evaluation Report,* Geelong, Victoria, School of Education, Deakin University.

RUSK, R.R., and SCOTLAND, J. (1979), *Doctrines of the Great Educators,* 5th edn, New York, St Martin's Press.

SANFORD, N. (1970) 'Whatever happened to action research?' *Journal of Social Issues,* vol. 26, pp. 3–13, Reprinted in KEMMIS, S. *et al.* (Eds) (1982) *The Action Research Reader,* Geelong, Victoria, Deakin University Press.

SCHOOL OF BARBIANA (1971) *Letter to a Teacher,* Harmondsworth, Penguin Education Special.

SCHUTZ, A. (1967), *The Phenomenology of the Social World,* Evanston, Northwestern University Press.

SCHWAB, J.J. (1969a) *College Curricula and Student Protest,* Chicago, University of Chicago Press.

SCHWAB, J.J. (1969b), 'The practical: A language for curriculum', *School Review,* vol. 78, pp. 1–24.

SHARP, R. and GREEN, A. (1976) *Education and Social Control: A Study in Progressive Primary Education,* London, Routledge and Kegan Paul.

SIMON, B. (1978) 'Educational research: Which way?', *Research Intelligence,* vol. 4, no. 1, pp. 2–7.

SKINNER, B.F. (1968), *The Technology of Teaching,* New York, Prentice Hall.

SMITH, B.O., STANLEY, W.O., and SHORES, J.H. (1950), *Fundamentals of Curriculum Development,* New York, World Book.

SMITH, J.V., and HAMILTON, D. (Eds.), (1980), *The Meritocratic Intellect: Studies in the History of Education Research,* Elmsford, Pergamon, Aberdeen University Press.

SOCKETT, H. (1963), 'Curriculum planning: taking a means to an end', in PETERS, R.S. (Ed.), *The Philosophy of Education,* London, Oxford University Press.

STAKE, R.E. (Ed.) (1975), *Evaluating the Arts in Education: A Responsive Approach,* Columbus, Ohio, Charles E.Merrill.

STANLEY, W.O., SMITH, B.O., BENNE, K.D. and ANDERSON, A.W. (1956), *Social Foundations of Education,* New York, Dryden.

STENHOUSE, L. (1968), 'The Humanities Curriculum Project', *Journal of Curriculum Studies,* vol. 1, no. 1, pp. 26–33.

STENHOUSE, L. (1975), *Introduction to Curriculum Research and Development,* London, Heinemann Education.

STENHOUSE, L. (1978) 'Using research means doing research', Norwich, Centre for Applied Research in Education, University of East Anglia (mimeo; prepared for Festschrift to Johannes Sandven).

STENHOUSE, L. (1979) 'The problem of standards in illuminative research', *Scottish Educational Review,* vol. 11, no. 1, p. 7 [reprinted in BARTLETT, L. *et al.* (Eds) *Perspectives on Case Study 2: The Quasi-historical Approach,* Geelong, Victoria, Deakin University Press.]

STENHOUSE, L. (1980) 'Curriculum research and the art of the teacher', *Study of Society,* April, pp. 14–15.

TAYLOR, P.H. (Ed.), (1979), *New Directions in Curriculum Studies,* Lewes, Falmer Press.

THOMPSON, J.B. (1981), *Critical Hermeneutics,* Cambridge, Cambridge University Press.

TIBBLE, J.W. (1966), *The Study of Education,* London, Routledge and Kegan Paul.

TOLSTOY, L. (1971), *War and Peace,* tr. C.GARNETT, London, Heinemann.

TOULMIN, S. (1972), *Human Understanding, Vol. 1: The Collective Use and Evolution of Concepts,* Princeton, N.J. Princeton University Press.

TRAVERS, R.M.W. (1969), *An Introduction to Educational Research,* London, Macmillan.

TYLER, R.W. (1949), *Basic Principles of Curriculum and Instruction,* Chicago, University of Chicago Press.

VON WRIGHT, G.H. (1971), *Explanation and Understanding,* London, Routledge and Kegan Paul.

WEBER, M. (1961), *The Theory of Social and Economic Organization,* New York, The Free Press.

WERNER, B., and DREXLER, I. (1978), 'Structures of communication and interaction in courses for junior staff members of the faculties of engineering', in BRANDT, D. (Ed.) *The HDZ Aachen,* 4th International Conference on Improving University Teaching, Aachen, July.

WESTBURY, I. (1979), 'Research into classroom processes: A review of ten years' work', *Journal of Curriculum Studies,* reprinted in TAYLOR, P.H. (Ed.), *New Directions in Curriculum Studies,* Lewes, Falmer Press.

WINCH, P. (1968), *The Idea of a Social Science,* London, Routledge and Kegan Paul.

WITTGENSTEIN, L. (1974) *Philosophical Investigations,* trans, G.E.M.ANSCOMBE, Oxford, Basil Blackwell.

WOLCOTT, M.F. (1977), *Teachers Versus Technocrats,* Eugene, Oregon, University of Oregon Press.

YOUNG, M.F.D. (Ed.) (1971), *Knowledge and Control: New Directions for the Sociology of Education,* London, Collier Macmillan.

國家圖書館出版品預行編目資料

邁向批判性典範：教育、知識與行動研究／
Wilfred Carr、Stephen Kemmis著；劉唯玉等
譯. ――初版.――臺北市：五南，2019.04
　　面；　　公分
　　譯自：Becoming critical: education,
knowledge, and action research
　　ISBN 978-957-763-325-5（平裝）

1.教育研究法　2.教育社會學

520.31　　　　　　　　　108003093

1IOB

邁向批判性典範
教育、知識與行動研究

作　　　者 ― Wilfred Carr、Stephen Kemmis

主　　　編 ― 劉唯玉（353.3）、王采薇

譯　　　者 ― 劉唯玉、白亦方、張德勝、胡永寶、王采薇
　　　　　　　高建民、李真文、吳新傑、蓋允萍、羅寶鳳

發 行 人 ― 楊榮川

總 經 理 ― 楊士清

副總編輯 ― 黃文瓊

責任編輯 ― 陳俐君、李敏華

封面設計 ― 王麗娟

出 版 者 ― 五南圖書出版股份有限公司

地　　　址：106台北市大安區和平東路二段339號4樓

電　　　話：(02)2705-5066　　傳　　真：(02)2706-6100

網　　　址：http://www.wunan.com.tw

電子郵件：wunan@wunan.com.tw

劃撥帳號：01068953

戶　　　名：五南圖書出版股份有限公司

法律顧問　林勝安律師事務所　林勝安律師

出版日期　2019年 4 月初版一刷

定　　　價　新臺幣350元

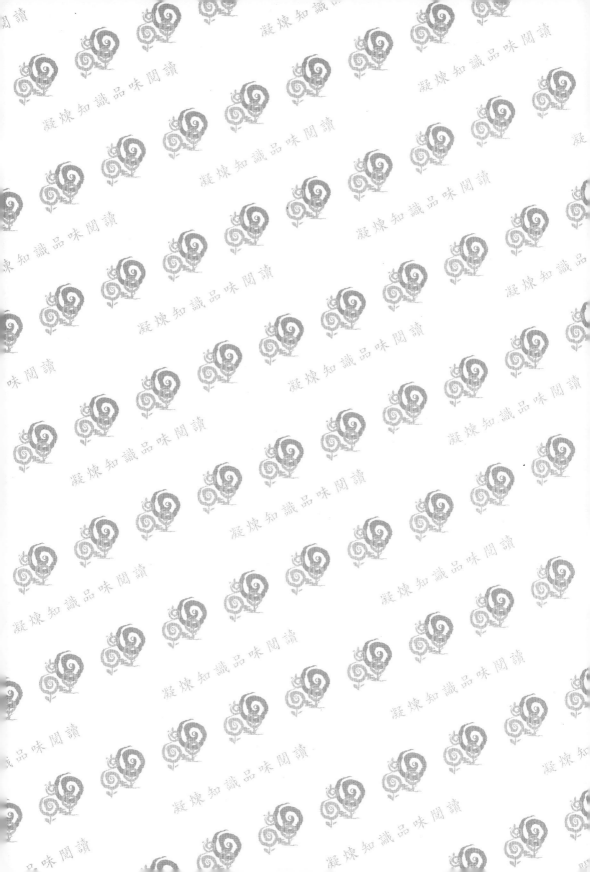